河南省高等学校人文社会科学重点研究培育基地许昌学院魏晋文化研究中心
河南省非物质文化研究基地许昌学院非物质文化遗产研究中心

系列学术成果

魏晋南北朝社会生活习俗研究

张宏慧 ◎ 著

郑州大学出版社
郑州

图书在版编目(CIP)数据

魏晋南北朝社会生活习俗研究/张宏慧著. —郑州：郑州大学出版社,2016.1
(魏晋隋唐历史文化研究丛书)
ISBN 978-7-5645-2100-4

Ⅰ.①魏… Ⅱ.①张… Ⅲ.①风俗习惯史-研究-中国-魏晋南北朝时代 Ⅳ.①K892

中国版本图书馆 CIP 数据核字（2014）第 304589 号

郑州大学出版社出版发行	
郑州市大学路 40 号	邮政编码:450052
出版人:张功员	发行部电话:0371-66966070
全国新华书店经销	
新乡市豫北印务有限公司印制	
开本:710 mm×1 010 mm　1/16	
印张:13.5	
字数:246 千字	
版次:2016 年 1 月第 1 版	印次:2016 年 1 月第 1 次印刷
书号:ISBN 978-7-5645-2100-4	定价:39.00 元

本书如有印装质量问题,由本社负责调换

魏晋南北朝是我国历史上最为复杂动荡的时代。汉族和各少数民族先后建立过大小30多个政权,较大的战争发生500起以上。对于这样一个长期陷于分裂、朝代更替频繁、战争连绵不断的时代,人们把它看作"乱世"。

魏晋南北朝虽然战乱纷繁,但是无论在经济、民族融合、思想文化、社会生活各方面都有发展进步。作者从分析魏晋南北朝时期的服饰文化入手,以专题的形式,从衣冠服饰、商业活动、教育文化、婚姻丧葬、社会保障、慈善公益等方面,论述了魏晋南北朝时期人们的生活状况、生活态度及价值观念的发展变化。对上述问题的研究,有助于我们较为深入地认识魏晋南北朝时期的历史原貌,展现魏晋南北朝时期真实、鲜明的生活画面。

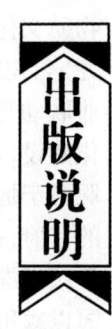

出版说明

许昌是中原腹地的历史文化名城,这里曾经是东汉末年汉献帝建都之所,也是曹操统一北方、统治北方的政治、经济、军事、文化中心。基于这种地缘优势,许昌学院长期致力于打造魏晋文化研究特色。2007年许昌学院成立了魏晋文化研究所,2012年3月成立了魏晋文化研究中心,同年10月被河南省教育厅批准为"河南省高等学校人文社会科学重点研究(培育)基地"。在许昌学院科研处和相关教学院部的支持下,魏晋文化研究中心充分挖掘各种资源,整合研究队伍,汇集了中国古代史、中国古代文学史、中国古代哲学史、中国古代艺术史等学科的教学、科研人员,彰显魏晋文化的研究特色。

许昌学院魏晋文化研究中心设立了魏晋隋唐史研究、魏晋文学与艺术研究、中原传统文化研究、许昌历史与文化建设研究等四个主要研究方向。魏晋隋唐史研究既是魏晋文化研究中心的主要研究方向,也是学校重点学科中国古代史学科的主要研究方向。在研究人员的共同努力下,魏晋文化研究取得了丰硕的研究成果。自2012年以来,中国古代史已获得了两项国家出版基金重大特别委托项目、两项国家社科基金规划项目及多项省部级人文社科研究项目;出版学术专著十余部,发表学术论文三百多篇,其中有五十余项成果先后获得河南省社会科学研究优秀成果奖、河南省教育厅人文社科优秀研究成果奖、许昌市社会科学优秀研究成果奖。

此次出版的丛书依据主题内容分别命名为"魏晋隋唐历史文化研究丛书"和"许昌历史与经济文化建设研究丛书"。"魏晋隋唐历史文化研究丛书"由《士族、士人与魏晋隋唐政局研究》《魏晋南北朝时期士人思想演变研究》《魏晋隋唐政治制度史研究》《魏晋南北朝社会生活习俗研究》《魏晋隋唐文学艺术思想研究》组成。这五部著作的选题侧重于魏晋隋唐时期的历史与文化,主要涉及这一历史时期的士族士人、政治制度、思想文化、社会生活等方面的内容。"许昌历史与经济文化建设研究丛书"由《颍川历史与非物质文化研究》《颍川士族与魏晋隋唐历史文化研究》《许昌乡村休闲旅游研究》《许昌市旅游业整合优化与深度开发路径研究》《许昌市三国文化旅游产业联动开发路径研究》组成。这五部著作的选题侧重于许昌历史和现代文化建设,这也是积极落实学校"面向地方、服务社会"的办学指导思想、努力服务于地方经济文化建设和社会发展的实践。郡县制时代,许昌是颍川郡的首府,颍川郡的辖区比现在的许昌市大,当时的世家大族虽然在籍贯上属于颍川郡,多数已超出了现在许昌市的辖区,故在涉及许昌历史的两部著作冠以颍川之名。许昌现在的经济文化建设与三国文化有着密切联系,这也是将与旅游相关的三部著作列入后一套丛书的原因。

  本次出版的"魏晋隋唐历史文化研究丛书"和"许昌历史与经济文化建设研究丛书"得到了许昌学院领导和科研处等部门的关心和支持,也得到了郑州大学出版社的领导和责任编辑的帮助。"魏晋隋唐历史文化研究丛书"的出版费用由许昌学院科研处魏晋文化研究专项经费资助,"许昌历史与经济文化建设研究丛书"的出版费用由许昌学院魏晋文化研究中心和历史文化学院的中国古代史学科建设经费、旅游学院的专业建设经费资助。在丛书出版之际,一并表示真诚的谢意。

许国林
2014 年 12 月

目录

第一章 衣冠服饰 ··· 1
第一节 男子常用服饰 ··· 3
一、魏晋南北朝时期汉族日用男装 ······································· 3
二、魏晋南北朝时期少数民族传统男服 ······························· 5
第二节 名士文人服饰 ··· 7
一、魏晋南北朝时期士人的服饰 ··· 8
二、魏晋南北朝时期士人在服饰上刻意求新的原因 ············ 9
第三节 妇女服装佩饰 ··· 12
一、魏晋南北朝时期妇女服装 ··· 12
二、魏晋南北朝时期妇女佩饰 ··· 14
三、魏晋南北朝时期妇女发式 ··· 16
四、魏晋南北朝时期妇女面妆 ··· 18
第四节 纺织与印染 ··· 19
一、魏晋南北朝时期纺织业 ··· 19
二、魏晋南北朝时期印染技术 ··· 21

第二章 商业活动 ··· 23
第一节 官僚经商 ··· 25
一、魏晋南北朝时期官僚经商普遍 ····································· 25
二、魏晋南北朝时期官僚经商的原因 ································· 27
三、魏晋南北朝时期官僚经商对社会的影响 ····················· 29
第二节 货币流通 ··· 30
一、魏晋南北朝时期货币的种类 ··· 30

二、魏晋南北朝时期货币流通概况 ……………………………… 33
　　三、魏晋南北朝时期货币流通中存在的问题 …………………… 35
　　四、魏晋南北朝时期货币流通的意义 …………………………… 37
　第三节　商业都市 …………………………………………………… 38

第三章　教育文化 …………………………………………………… 43
　第一节　儿童教育 …………………………………………………… 45
　　一、魏晋南北朝时期儿童教育观形成的背景 …………………… 45
　　二、魏晋南北朝时期儿童教育的内容 …………………………… 47
　　三、魏晋南北朝时期儿童教育的方法 …………………………… 52
　　四、魏晋南北朝时期儿童教育对当时社会的影响 ……………… 55
　第二节　家庭教育 …………………………………………………… 57
　　一、魏晋南北朝时期家庭教育的特点 …………………………… 57
　　二、魏晋南北朝时期家庭教育的影响 …………………………… 62
　第三节　书诫教子 …………………………………………………… 63
　　一、魏晋南北朝时期家训兴盛的时代背景 ……………………… 63
　　二、魏晋南北朝时期家训的主要内容 …………………………… 64
　　三、魏晋南北朝时期家训的时代特征 …………………………… 68
　　四、魏晋南北朝时期家训的时代功能及现实意义 ……………… 69
　第四节　"重孝"文化 ……………………………………………… 72
　　一、魏晋南北朝时期"孝行""孝迹"的表现 ………………… 72
　　二、魏晋南北朝时期"重孝"文化心态产生原因 ……………… 74
　　三、魏晋南北朝时期"重孝"文化心态的时代功能 …………… 76

第四章　婚姻丧葬 …………………………………………………… 79
　第一节　早婚 ………………………………………………………… 81
　　一、魏晋南北朝时期早婚概况 …………………………………… 81
　　二、魏晋南北朝时期早婚形成的原因 …………………………… 84
　　三、早婚对魏晋南北朝社会的影响 ……………………………… 87
　第二节　门第婚 ……………………………………………………… 89
　　一、魏晋南北朝时期门第婚盛行 ………………………………… 90
　　二、魏晋南北朝时期士族门第婚的社会影响 …………………… 91
　第三节　自主婚 ……………………………………………………… 93

一、魏晋南北朝时期妇女婚姻自主的表现 …………………… 93
　　二、魏晋南北朝时期妇女婚姻自主的原因 …………………… 96
　第四节　薄葬习俗 …………………………………………………… 97
　　一、魏晋南北朝时期薄葬之风盛行 …………………………… 98
　　二、魏晋南北朝时期薄葬之风形成原因 ……………………… 102

第五章　社会保障 ………………………………………………… 107
　第一节　减灾备荒 ………………………………………………… 109
　　一、魏晋南北朝时期减灾举措 ………………………………… 109
　　二、魏晋南北朝时期备荒策略 ………………………………… 111
　第二节　济贫救病 ………………………………………………… 114
　　一、魏晋南北朝时期开仓济贫 ………………………………… 114
　　二、魏晋南北朝时期医疗救恤 ………………………………… 115
　　三、魏晋南北朝时期军人优抚 ………………………………… 115
　第三节　遣使赈灾 ………………………………………………… 118
　　一、魏晋南北朝时期政府遣使活动频繁 ……………………… 118
　　二、魏晋南北朝时期救灾使臣职责明确 ……………………… 119
　　三、魏晋南北朝时期遣使赈灾的社会影响 …………………… 121
　第四节　安置流民 ………………………………………………… 123
　　一、魏晋南北朝时期流民潮产生的原因 ……………………… 123
　　二、魏晋南北朝时期流民的社会影响 ………………………… 127
　　三、魏晋南北朝时期安置流民的措施 ………………………… 129
　第五节　社会养老 ………………………………………………… 131
　　一、魏晋南北朝时期统治阶级对孝的提倡 …………………… 132
　　二、魏晋南北朝时期社会上盛行养老之风 …………………… 133

第六章　慈善公益 ………………………………………………… 139
　第一节　政府慈善救助 …………………………………………… 141
　　一、天谴灾异说影响下的慈善事业 …………………………… 141
　　二、儒家仁政学说影响下的慈善事业 ………………………… 143
　第二节　士人民间慈善救助 ……………………………………… 147
　　一、魏晋南北朝士人民间慈善救助的基本形式与内容 ……… 147
　　二、魏晋南北朝士人从事民间慈善救助的动力 ……………… 150

三、魏晋南北朝士人从事民间慈善救助的意义 ……………… 153
　第三节　僧侣教徒慈善救助 ……………………………………… 155
　　一、佛教的因果报应学说与慈悲观念 …………………………… 155
　　二、僧侣教徒的慈善救助活动 …………………………………… 156
　　三、魏晋南北朝佛教慈善事业的特点 …………………………… 158

附　社会问题余论 ………………………………………………… 161
　北魏贪污之风及原因探析 ………………………………………… 163
　　一、北魏官吏贪污之风盛行 ……………………………………… 163
　　二、北魏贪污之风形成的原因 …………………………………… 166
　北魏孝文帝反贪廉政述论 ………………………………………… 172
　　一、孝文帝惩贪反腐的历史背景 ………………………………… 172
　　二、孝文帝时期的反贪措施 ……………………………………… 173
　略论诸葛亮法制思想 ……………………………………………… 178
　　一、诸葛亮法制思想形成的原因 ………………………………… 178
　　二、诸葛亮法制思想的内容 ……………………………………… 180
　　三、诸葛亮法制思想对蜀汉的社会影响 ………………………… 184
　魏晋南北朝上流社会豪奢之风及其影响 ………………………… 186
　　一、魏晋南北朝上流社会豪奢之风的表现 ……………………… 186
　　二、魏晋南北朝上流社会豪奢之风兴盛的原因 ………………… 190
　　三、魏晋南北朝上流社会豪奢之风的影响 ……………………… 192

参考资料 ………………………………………………………… 199

衣冠服饰

在人类日常生活中,除饮食之外,最重要的物质需求莫过于衣服了。衣服与佩饰合起来,简称服饰。同饮食生活一样,服饰生活也随着人类物质文明和精神文明的进步,不断地进行着更新与发展。魏晋南北朝的服饰文化,在承制秦汉的基础上,又因为频繁的政权更替、社会动荡、政治昏暗以及民族融合,而使士大夫和平民百姓的服饰习俗发生许多变化;加上放达和丧乱之际追求享乐的生活,常常给旧制带来极大的冲击或叛逆性的变革。表现在衣冠服饰方面,则是宽衣大袖、木屐高髻,且由于南北文化的交融和碰撞,表现出极其鲜明的南北殊异的服饰习惯,形成一代之风俗。

第一节 男子常用服饰

一、魏晋南北朝时期汉族日用男装

魏晋南北朝时期,人们改变了古人服袍外罩衣裳的习惯,去掉衣裳直接以袍衫作为外服。服装朝着宽松、舒适的方向发展。汉族日用男装主要有襦、袄、衫、袍、单衣、褠、半袖、假钟、裘、裳(裙)、袴等。

襦是短外衣,为汉代人常用服装之一,在这一时期仍为各阶层所穿用。许慎《说文》中讲:"襦,短衣也。"刘熙《释名》中称:"襦,暖也,言温暖也。"襦多絮以棉,如未絮棉则称单襦,单襦通常用布制,为一般百姓所穿,上层人士则多用丝织品制作。

袄与襦形制相近,是紧身小皮袄,袖较窄小,男女都穿用。

衫也是汉代延续下来的服装。刘熙《释名》中讲:"衫,芟也,衣无袖端也。"说明衫是敞口的。衫由于不受衣袪等其他服饰部位的约束,因此在魏晋时发展得越来越宽博,成为各个阶层通用的服装,上自天子,下至一般百姓,都将其作为日常服装。南京西善桥南朝大墓中出土的砖印壁画上的玄学领袖们都穿着十分宽大的衣衫,敞着衣领,袒胸露臂。一般百姓为便于劳作,其衬衫大概要窄一些。

袍与衫在款式上有明显区别。按照汉代的习俗,凡是称袍的,袖端应是收敛的,而且在领、袖及下摆处装有缘饰袪口,服装整体显得宽松、柔顺,缘饰中的色彩也多亮丽。袍不仅作为朝服,而且也被一般百姓所穿用。袍有里子,内絮丝绵。制袍的材料有绢、布、锦等。南北朝后期,在吸收了少数民族的文化习俗以后,对袍的形制做了较大的修改,款式为圆领、小袖,而且大多没有缘饰祛口。

《释名》称:"单衣,言无里也。"单衣与袍的主要区别是只有一层衣料,没有里子,且不絮丝绵等,至于形制则基本相似。魏晋南北朝时期,官员、百姓平时多着单衣。史载,东晋苏峻之乱后,国库空虚,"库中唯有练数千端,鬻之不售,而国用不给。导患之,乃与朝贤俱制练布单衣,于是士人翕然竞服之,练遂踊贵"①。

褠的形制与单衣相似,只是袖子是直着下来,不像单衣那样在肘部有一个弧形的悬垂(东汉孝堂山画像石中人物衣袖的悬垂就相当明显了,这种悬垂被称为胡),因此《释名》称:"褠,单衣之无胡也。言袖夹直,形如沟也。"穿褠行动较为方便,而且节省衣料,如《宋书》记载:"诸受朝服,单衣七丈二尺,科单衣及褠五丈二尺,……"故此,褠成为士大夫日常穿用的服装,同时也被作为朝廷下级官吏的朝会服装。

半袖,是一种穿在外面的短袖服装。《释名》称:"半袖,其袂半襦而施袖也。"为平时家居的便服,在外见客时很少穿着。三国魏明帝曹睿曾着缥绫半袖而见杨阜,被认为是不合礼法,故此在《晋书·五行志》中称之为"服妖"。这种服装在这一时期的文献中记载不多,但到隋唐时期颇为流行,不过一般不称半袖,而称为半臂。②

假钟,又名"斗篷"(或称"披风"),是指一种无袖不开衩的长外衣,以形如钟覆而得名。它可以用来保温和抵挡风沙,适宜北方人在寒冷地区生活之用。今河北景县封氏墓群、洛阳北魏元邵墓、陕西咸阳北周拓跋虎夫妇墓等皆出土有穿着披风的陶俑。

裘是北方人常用的御寒服装,天子、群臣至庶民百姓皆穿着皮裘;这一时期裘在南方也相当流行,多为修饰仪表之用。高级的裘用鸟羽制成,有雉头裘、孔雀裘等。

裳,亦称为裙,是与襦搭配的。《释名》:"凡服,上曰衣。衣,依也。人所依以庇寒暑也。下曰裳。裳,障也。所以自障蔽也。"这里的裳虽然是下衣,却不是今天的裤,而是裙。《说文解字》称"裳"与"常"通用,"常,下帬(裙)也。裳,常或从衣"。由于袍、衫及裤褶的流行,裳(裙)作为男子的服装在这

---

① 《晋书》卷65《王导传》。
② 朱大渭:《魏晋南北朝社会生活史》,中国社会科学出版社2005年版,第71页。

一时期已不像前一时期那样普及了。

袴是下体之衣。《释名》："袴,跨也。两股各跨别也。"袴与今天的裤不同,虽然两条裤腿分开,但裆部并未缝合,其形类似今天幼童穿的开裆裤。魏晋南北朝时期,人们或穿上襦下裳,或着袍、衫等长衣服,着袴主要是为了腿部保暖。因此,贫寒人家不穿袴是相当普遍的。

这一时期人们脚下所穿的鞋具主要有履、屐、屝等,用丝、麻、草、木、皮等制成,供各种人在不同场合使用。履一般在正式场合使用,如上朝、到官署办公、谒见上司或长辈等。履用丝、麻、皮等制成,上面的刺绣有讲究,颜色也有一些规定:士卒百工服绿、青、白;奴婢侍服红、青。

魏晋时期男子的足衣,除采用丝履之外,特别盛行木屐。《急救篇》颜师古注:"屐者,以木为之,而施两齿,可以践泥。"所谓"两齿"是指在屐底前后安装的木齿,这种木齿可以根据行走的需要灵活调节。南朝刘宋时,名士谢灵运上山去前齿,下山去后齿,人们把这种屐称为"谢公屐"。这种双齿木屐后世仍然流行。除了高齿,还有不装齿的"平底屐"。木屐的形制,男女屐头初有方圆之别,后即混同。古代着履和着屐,在礼节上有所区别。魏晋六朝因循古仪,着履表示尊重,着屐以图轻便,故屐一般在家中穿用。

屝,是用麻、草、藤等制成,供人们出行时穿用。由于着屝走路轻便,而且价廉易得,故一般劳动者多穿屝。《晋书》卷75《刘惔传》载:"惔少清远,有标奇,与母任氏寓居京口,家贫,织芒屝以为养,虽草门陋巷,晏如也。"又据《南史》卷28《褚裕之传附侄孙彦回传》载:"宋元嘉末,魏军逼瓜步,百姓咸负担而立。时父湛之为丹阳尹,使其子弟并着芒屝,于斋前习行。或讥之,湛之曰:'安不忘危也。'"褚湛之让子弟穿芒屝,是为了发生战乱时以便混迹于百姓之中逃难。

由于芒屝常为贫寒百姓穿用,因此,有的士族官员为表示简约、不拘礼俗,也常穿芒屝。据《梁书》卷48《范缜传》载,范缜"在瓛门下积年,去来归家,恒芒屝布衣,徒行于路"。《梁书》卷51《何点传》也载:"点虽不入城府,而遨游人世,不簪不带,或驾柴车,蹑草屝,恣心所适,致醉而归,士大夫多慕从之,时人号为'通隐'。"屝为南朝人常用足衣,明显表示出地域特点和闲散风格。

二、魏晋南北朝时期少数民族传统男服

北方少数民族男子的服饰,主要是裲裆和裤褶。与汉人衣裳之制不同的是,少数民族穿胡服。胡服形制上与汉服的差别是:左衽、短衣窄袖、合裤和系革带。汉人皆习惯以左襟压右襟,在右腋打结,故称右衽。而胡人相

反,故称左衽。汉人服装特点是衣身和袖口宽松肥大;而胡人因骑马射箭,故穿紧身短小窄袖之服。随着胡人入居中原,胡服开始是流行于军队中,后来便流行于民间,并被广泛使用,对汉族服装产生了明显的影响。

裲裆是这一时期新流行起来的服装。刘熙《释名·释衣服》解释为:"裲裆,其一当胸,其一当背也。"这说明它只有前后两片,无领无袖。这种服装既可保暖身躯,又可使两手活动灵活方便,因此不仅可以当军服使用,也可用于常服,而且款式男女都可以穿。上海博物馆现藏有身穿裲裆衫的南北朝文侍俑,在俑的肩部有两条宽带子将前、后片连接起来,腰间再用皮带扎束。这种服装既可着于内,又可着于外,有单有夹,后世沿袭了很久,只是叫法有所不同,北方称为背心或坎肩,南方则叫马甲。

裤褶,亦称袴褶,是魏晋南北朝时期最为广泛使用的男装。裤在《释名》中被解释为:"绔也,两股各跨别也。"褶在《释名》中被解释为:"袭也,复上之言也。"《急就篇》载曰:"褶,谓重衣之最在上者也,其形如袍,短身而广袖。一说左衽之袍也。"也就是说,褶为衣长不过膝、窄袖、左衽的紧身短袍衣。裤褶本系胡服,从现有的资料分析,至少在东汉后期已经传入汉族统治区。因着裤褶行动便捷,初为军旅之服,后传入民间,成为文武通用、男女皆穿的理想常服。裤褶的质料有锦缎、绫罗、麻布、兽皮等,一般根据季节及穿着的尊卑等级而有别。裤褶可单独穿着,也可外罩裲裆配套穿用。裤褶形制窄短,用于礼服,则有悖于汉制礼仪。故传至汉域,褶渐为广袖,裤形亦变宽松取大口状。由于裤管过于宽松博大,给骑马行走带来不便,因此人们又以锦缎丝带截为三尺一段,在裤管的膝盖处紧紧系缚,以免松散,时谓"缚袴"。凡穿裤褶者,一般腰身以革带束之,贵者镂以金银为饰。

少数民族的足衣主要是靴。靴与履、屐、屣等不同,不是由华夏民族发展起来的,而是从北方游牧民族传入中原地区的。所以《释名》对其解释为:"靴,本胡服也。赵武灵王始服之。"靴是否由赵武灵王引入中原,研究者的看法各不相同,但对其源于北方游牧民族则无异议,而且至少在汉代时靴已传入中原。[①]

魏晋南北朝时期,靴已经很普遍,北朝尤为盛行。当时,不仅有皮靴,还有丝靴,且五彩斑斓,甚为轻便,与今天的中、高筒靴式样相近,男女都可穿用。据《晋书》卷106《石季龙载记上》载:"季龙常以女骑一千为卤簿,皆著紫纶巾,熟锦裤,金银镂带,五文织成靴,游于戏马观。"又据《北史·任城王

---

① 朱大渭:《魏晋南北朝社会生活史》,中国社会科学出版社2005年版,第72页。

潜传》载,北齐天统三年(567年),任城王高潜任并州刺史,"时有妇人临汾水浣衣,有乘马人换其新靴驰而去者,妇人持故靴诣州言之。潜召居城诸妪,以靴示之,绐曰:'有乘马人于路被贼劫害,遗此靴,焉得无亲属乎?'一妪抚膺哭曰:'儿昨着此靴向妻家。'如其语,捕获之,时称明察"①。由此可见,在北朝,不仅官员武士穿靴,平民百姓也都普遍穿靴。

在南方,也有着靴者,但总的来看,人数要远少于北方。当时在高层士人官员中,穿靴往往意味着不合礼俗。《梁书》卷26《萧琛传》载:"时王俭当朝,琛年少,未为俭所识,负其才气,欲候俭。时俭宴于乐游苑,琛乃着虎皮靴,策桃枝杖,直造俭坐,俭与语,大悦。俭为丹阳尹,辟为主簿,举为南徐州秀才,累迁司徒记室。"萧琛以穿虎皮靴这一不合礼俗的服饰,引起王俭的注意,也说明当时着靴者的稀少。

第二节　名士文人服饰

魏晋时期,玄风炽盛,礼教衰微,玄学冲破儒家的禁锢,越名教而任自然,人们的言谈举止表现出一种潇洒脱俗的"通脱",而作为这一时期非常引人注目的特殊阶层——士族,他们思想活跃,行为放纵,以一种反传统的姿态出现在当时的历史舞台上,表现在服饰仪容上也与前代有着很大的不同,他们或破衣烂衫,或科头裸身,或傅粉施朱,或自创服饰,来表现自己的与众不同和放浪形骸,这就是论者所津津乐道的以"竹林七贤"为代表的魏晋风度。魏晋风度充分表现在士人的言谈举止方面,自然也体现在当时人们的饮食、服饰、歇宿、行旅、玩乐等方面。探讨魏晋南北朝时期士族服饰文化,有助于我们更好地理解士族阶层的生活方式和生活态度,从而更好地把握他们的思想脉络,了解整个社会的物质文化和精神文化生活。

---

① 《北史》卷51《任城王潜传》。

一、魏晋南北朝时期士人的服饰

(一) 束巾

巾一般用丝带、葛布、鹿皮制作,用以束头。巾在汉以前本为庶民所戴,《释名·释首饰》云:"二十成人,士冠,庶人巾。"贵族男子到了20岁都要行加冠礼,而庶人只能戴巾。但是到了东汉末和魏晋初,这种风气发生了很大的变化。史书记载:"汉末王公,多委王服,以幅巾为雅。"南京西善桥南朝墓出土的"竹林七贤"壁画上,山涛、阮籍、向秀、阮咸四人均束巾。当时,不仅士人竞相以头扎巾为时髦,就连"袁绍、崔豹之徒,虽为将帅,皆著缣巾"①,可见此风之盛行。而这种风气的形成与当时名士崇拜有很大的关系。

(二) 宽衣

魏晋之际,上自三公名士,下至黎庶百姓,均以宽衫大袖、褒衣博带、袒胸露腹为尚,整个社会在服制礼仪上显得不那么泥古拘束。《晋书·五行志》记载:"晋末冠小而衣裳博大,风流相放,舆台成俗。"一时间,宽衣博带、潇洒风流的形象为人们心驰神往,仿效成风。从考古资料中,我们就可以发现许多这样的材料。唐代大画家孙位的《高逸图》中的"竹林七贤"也是宽袍大袖、袒胸露乳,均流露出鄙视名教、放达不羁的神情。

(三) 化妆

魏晋时代,士人对自己的仪表外观极为重视,士族男子为了赢得世人的瞩目与青睐,甚至以涂脂抹粉为常事。《魏志·朱建平传》载:"帝(曹丕)将乘马,马恶衣香,惊啮文帝膝。"②曹植不仅在文学创作上追求文辞华美,雕琢辞藻,斫削精洁,俱成锦绣,而且在日常生活行为上也注重修容饰貌,"傅粉"即一例。"粉朱"本为女性饰物,男性唯皇帝左右之俳优弄臣施之。曹子建却傅粉施朱。据《三国志》载:"植初得邯郸淳甚喜,延入座,不先与谈,时天暑热,植因呼常从取水,自澡讫,傅粉,遂科头拍袒胡舞五椎锻、跳丸击剑,诵俳优小说数千言。"③何晏本就俊美嫩白,《世说新语·容止》篇说其"美姿仪,面至白。魏明帝疑其傅粉,正夏月,与热汤饼,既啖,大汗出,以朱衣自拭,色转皎然",可是他"性自喜,动静粉帛不去乎,行步顾影"。由此可见,魏

---

① 《三国志》卷1《武帝纪》裴松之注引《傅子》。
② 《三国志》卷29《魏志·朱建平传》。
③ 《三国志》卷21《魏志·王粲传》注引《魏略》。

晋时期"诗赋欲丽"的美学思想已渗透到服饰境界之中,魏晋名士着装打扮成为习惯,且其妆饰大抵趋于女性化。追求女性的形体美,借以注重个人精神世界的外在表现,这显然是对此前道德观念的背叛。曹植、何晏的思想和行为,破坏了汉代正统的社会准则,开启了魏晋南北朝的一代新风。而值得一提的是,这种风气的形成有其特殊的历史原因。

(四)执麈尾

麈尾是魏晋清谈家的心爱之物,是体现士族精神风韵的重要道具,笔者认为它是与士族服饰不可分割之物。麈是一种大鹿,据说麈与群鹿同行时,麈摇动着尾巴以指挥鹿群的方向,魏晋士人清谈执麈尾,盖取其领袖群伦之义,同时也是一种身份的象征。麈尾并非现代人想象中的马尾拂尘。它形如树叶,叶尖作椭圆状,叶的两边平行,叶的下部则常为平直。南北朝时期的麈尾,呈前圆后方形,南朝陈徐陵《麈尾铭》描绘为"员(圆)上天形,平下地势"。麈尾装有柄,名贵的麈尾柄上镶着白玉、象牙等装饰物。唐代孙位《高逸图》中的阮籍就手持麈尾。

二、魏晋南北朝时期士人在服饰上刻意求新的原因

(一)汉末皇权旁落,政治黑暗

东汉末年,由于外戚宦官交替执政,封建皇权旁落,政治十分黑暗。许多朝野才俊怀着对封建大一统政权的忠诚之心,屡屡上疏反宦官、反外戚,然而却受到当权者的迫害。许多士人因此惨遭杀害和禁锢,两次党锢事件使士人心灵受到了极大的震动。他们因忠见弃,绝望之余开始与封建政权处于一种疏离对立的立场。他们用不同方式来表现自我的存在,或慷慨悲凉,或任情纵欲,或高洁自持,或归隐山林。在这场斗争中,士人的地位与声望与日俱增。由于士人常以头着巾来体现一种放达的风度,表示自己与封建政权的不合作态度,所以一向为王公贵族所不齿的巾的地位骤然升高,这从巾的得名中就可看出。巾也因名士而命名,例如林宗巾、诸葛巾、漉酒巾等。其中,以诸葛巾最为著名。

诸葛巾又名纶巾。诸葛亮尝服纶巾,执羽扇,指挥军事,此巾因其人而名之。在各类纶巾中,最高级的是白纶巾。它由精美的丝织品制成,多为士人使用。当时,系白纶巾是一种风雅的表现。苏轼在《念奴娇·赤壁怀古》词中便以"雄姿英发,羽扇纶巾"来赞美周瑜的儒将风度。《世说新语·简傲篇》载:"谢中郎是王兰田女婿,尝着白纶巾,肩舆径至扬州听事见王。"着巾晋见皇帝,与礼法制度大相违背,然而在六朝这个特定的历史时期,不仅君

臣都不以为意,而且双方都很得意,皆以自己的行为不合礼仪而自觉风流自豪,士人也都钦羡不已,传为美谈。

在当时着巾风气的席卷下,国子生着巾已形成了制度,被明确地写进了封建国家的礼仪制度中。《隋书·礼仪志》载,东晋太元年间,"国子生见祭酒博士,单衣,角巾"。此制到了刘宋时依然如故。

(二)玄学兴起,士人崇尚老庄与自然

魏晋南北朝时期,士人兴起轻裘缓带宽衣的风尚。鲁迅先生曾经在《魏晋风度及文章与药及酒之关系》一文中分析魏晋名士穿宽衣和木屐的原因时说:"因为皮肉发烧之故,不能穿窄衣。为预防皮肤被衣服擦伤,就非穿宽大的衣服不可。……还有吃药之后,因皮肤易于磨破,穿鞋也不方便,故不穿鞋袜而穿屐。"鲁迅先生的论断不无道理。史载:"晋朝士大夫,无不服饵,皆获神效。"①这种"饵"即一种称为"五石散"的毒药。据说服用此药后浑身发热难受,需要散发,宜吃冷食,故又称寒食散。嵇康在《与山巨源绝交书》中称自己不能出任的原因之一就是"性复疏懒,筋驽肉缓,头面常一月十日不洗,不大闷痒,不能沐也",又"危坐一时,痹不得摇,性复多虱,把搔无已",所以不能当官。这些症状很明显都是服散的后遗症。除服散这种时尚所造成的客观原因外,更重要的是当时士人崇尚老庄与自然,穿着必然趋向宽大,舒适飘逸,以显得他们超越尘世的逍遥放荡、超形而上。《抱朴子·刺骄篇》记载,阮籍"或乱顶科头,或裸袒蹲夷,或濯脚于稠众"。《世说新语·任诞》也载,刘伶在家裸身会客,当别人责问他时,他振振有词:"我以天地为栋宇,屋室为裈衣,诸君何为入我裈中?"这种服饰境界,凝聚着他们既开放又孤独,既浪漫又压抑的心灵结构。西晋中朝名士在服饰上较之"竹林七贤"更为放荡越礼。史载,"(当时)贵游子弟阮瞻、王澄、谢鲲、胡毋辅之大徒,皆祖述与阮籍,谓得大道之本,故去巾帻,脱衣服,露丑恶,同禽兽"②。邓粲《晋记》也云:"谢鲲与王澄之徒,慕竹林诸人,散首披发,裸袒箕踞,谓之八达。"③由此种种,结合战乱不断,礼仪解体,儒学信仰危机,高压政治残酷以及当时魏晋士者特殊心态等文化背景看,服饰的文化意义也就不难理解,应该说,秦汉以来渐成体系的华夏文化,在魏晋这个大动荡时代受到冲击,并加入某些新的特质,在以"礼"为正统观念的另一面,又增加了不拘礼法、放荡不羁

---

① 《太平御览》卷722引臧荣绪《晋书》。
② 《世说新语·德行》注引王隐《晋书》。
③ 《世说新语·任诞》注引邓粲《晋记》。

的精神因素。这同样可以视为当时时代精神的一种投射,体现出时代文化风尚对服饰的渗透。但由于各人所达到的精神境界不同,魏晋士人所表现出的风度并不完全相同。刘伶、阮籍等不守礼法,却因吃透了老庄精神,任自然而有节制,付之践履,故"心无措乎是非,而行不违乎道",他们外坦荡而内淳至,其情操至为高尚,故不为物欲而纵恣,旷达而有节制。而后来之荒诞者如胡毋辅之"裸行扪鹊"、王澄"解袒登枝"等,"露丑恶,同禽兽",放荡越礼,将轻薄当成风流,不可与阮籍等同日而语。

(三)政局动荡,士人时刻感觉朝不保夕

魏晋时代,社会动荡,政治污浊,无休止的战争,不断地改朝换代,一切都只是瞬息的存在,"譬如朝露,去日苦多"的人生现实,加剧了士人们内心的幻灭感,滋生出人生无常的观念。传统的人生价值观,由神圣变为虚伪可笑,过去敬仰、崇拜的东西顿时灰飞烟灭,昔日风流皆作幻梦一场,一切都给人以虚无的感觉。梦醒过后依然如故,只有自我,只有潇洒活着才是真实的。因而,人们无限地珍爱自身的生命本体,生活放荡,意气豪迈,尽情地追求物质享受与声色之欢,在有限的岁月中获得逍遥超脱的生活乐趣,摆脱人生苦闷与孤独。于是,上自帝王将相,下至士大夫,一个梳妆打扮、低眉顾影的男性服饰新潮流迅即形成。

古谚曰:"士为知己者死,女为悦己者容。"时至魏晋,人们更感兴趣的却是士为知己者容。于是对人的形体容貌的追求与欣赏也就成为一种时髦。《世说新语·容止》载,"裴令公有俊容仪……,见者曰:'见裴叔则如玉山行,光映照人'";"王右军见杜弘治,叹曰:'面如凝脂,眼如点漆,此神仙中人'";"时人目王右军,飘如游云,矫若惊龙"。《晋书·卫玠传》言卫玠"总角乘羊车入市,见者皆以'玉人',观之者倾都"。由此可见,当时从容貌上捧美贬丑已成为社会风气。正是在这种时风的熏陶下,就连雄风千古的曹操也滋生出自贱心态,以致他在接见匈奴使者时,自觉形容丑陋而让仪表俊美的崔琰冒充自己。总之,魏晋服饰的严妆境界是审美思潮的新的导向。

(四)魏晋时期,清谈之风盛行

清谈本来是乡里对士人的舆论品评,它以名教为准则,对社会进行干预。东汉末年,党锢祸起,朝政败坏,许多士人收敛起"上议朝政,下讥卿士"的锋芒,向往起明哲保身的名士风流,于是以谈玄为主要内容的清谈之风悄然而起。到魏晋时期,清谈已成为士人所普遍崇尚的社会风气,成为"魏晋风度"的重要组成部分。当时,清谈家们为了显示自己的风流高雅,手里经常执着一种名叫麈尾的道具以助谈锋。在清谈时,手执麈尾的人往往是辩论者双方的领袖,是名士中的大名士。为了诘难或反驳对方,发言者手执麈尾,慷慨陈词,辩论的时间往往一拖再拖,有时甚至夜以继日,连吃饭都顾不上。如孙盛与殷浩的一场辩论,在《晋书·孙盛传》和《世说新语·文学篇》中都有记载,说孙盛"善言名理。于是殷浩擅名一时,与抗论者,惟盛而已。盛尝诣浩谈论,对食,奋掷麈尾,毛悉落饭中,食冷而复暖者数四,至暮忘食,理竟不定"。正是在这种麈尾的翩翩飘舞之中,魏晋士人感受到的是一种清虚脱俗的意境,得到的是一种难以言喻的美的享受。麈尾成了他们须臾不可离身的装饰物,以致死亦不忍分离。如东晋清谈大师王濛在病重弥留之际,躺在床上不能动,只得拿着自己心爱的麈尾反复观看,感慨不已,等到他去世以后,刘惔来吊,特意把犀柄麈尾放于他的棺柩中。由此可见,麈尾是清谈必备之具,是风雅、高士的象征,所以士大夫、官僚常常效法执之。

综上所述,魏晋士人在服饰上的标新立异,使中国自商周以来正统的礼仪服饰受到前所未有的冲击。它的形成是一个美的历程,反映出士人开始摆脱礼法的束缚和名利的羁绊,在玄学的旗帜下开始寻求自我的价值,从而使人内在与外在魅力的表达更为和谐、合理、自由,是魏晋风度在服饰艺术上的充分体现。

第三节　妇女服装佩饰

一、魏晋南北朝时期妇女服装

在封建社会,妇女直接出任官职的较少,更多的是作为夫人参与社会活动,其服饰等级主要取决于丈夫官职的高低。这一时期后妃及官员夫人的服饰大体上沿袭汉代的制度,仍喜穿深衣。深衣是将衣与裳分裁,经中间缝合连缀成整体的一种衣服。因其省工省料,穿着不拘场合,故广泛流行。自东汉始,深衣又称袍。《释名》:"袍,苞也,苞内衣也。妇人以绛做衣裳,上下连,四起施缘,亦曰袍。"因身份和地位不同,妇人所着深衣的色彩也不尽相同。如在祭祀时,皇太后与皇后穿的深衣颜色为绀上皂下,其余人皆为全身皂色;在举行亲蚕仪式时所穿着的服装称蚕衣,皇太后与皇后的服饰颜色为青上缥下,其余人皆为全身青色。三国魏时,皇后的蚕衣多使用文绣,西晋惠帝元康六年(296年)下诏认为文绣不符合古义,改为纯青色,并定为永制。南朝宋以后,皇后祭祀时服袿襡大衣,《南齐书·舆服志》记载:"袿襡大衣,谓之袆衣,皇后谒庙所服。"刘熙《释名》称:"妇人上服曰袿,其下垂着,上宽下窄,如刀圭也。"据认为山西大同北魏司马金龙墓出土漆屏风上贵妇所着下摆如燕尾的衣服就是袿衣。

普通汉族妇女的服装,魏晋时期沿袭秦汉旧俗,主要有襦、袄、衫、裙等形制,一般是上穿襦、衫,下穿裙子,这些从传世的这一时期古画及出土的壁画、陶俑、画像石等都可看到。这一时期,襦、衫一般为右衽,裙的制作材料及款式也多种多样,只是劳动妇女的裙较上层贵妇的要稍短一些。衫襦紧身合体,袖筒肥大。所着长裙,下摆宽松。再加上丰盛首饰,达到俊俏潇洒的效果。此外,一些妇女还穿一种名叫杂裾垂髾的女服。这是深衣的一种变式。它的特点是饰有"襳髾"。所谓襳,是指从围裳伸出的飘带;所谓髾,是指在衣服的下摆部位固定的一种饰物。它一般用丝织品制成,上宽下尖,形如三角,并层层重叠。由于飘带较长,走起路来牵动下摆的尖角,像燕子飞翔。晋代著名画家顾恺之所作《洛神赋图》中女神穿着的就是这种服装。

魏晋以后,妇女的服装在传统的基础上吸收了少数民族服式后有所发展。在北朝有身着左衽衫襦者,如北魏元邵墓出土的"V"型女侍俑和舞俑皆着左衽衫,且"V"型女侍俑衣袖宽大,显然为胡汉合璧式服装。北齐娄睿墓出土的女侍俑及北齐张肃墓出土的女侍俑皆着窄袖衫、襦,下穿长裙,裙腰几达腋下。就目前所见的陶俑的衣袖而言,女官俑基本上是大袖,女侍俑以大袖居多,亦有小袖者,而做杂役的女仆俑则以小袖为多。不过有些女侍俑虽着窄袖衫,但袖子相当长,将手完全盖住。另外,这时期的人们还将飘带去掉,加长尖角的"燕尾",使二者合为一体。

北方少数民族妇女,除穿着衫、裙外,还有的穿裤褶和裲裆。裤褶的来源与形制在前面已经加以介绍,在这一时期的女子服饰中裤褶亦占有一定的位置。西晋时期,裤褶已在一定范围内使用,十六国时期其应用范围似有所扩大,据《邺中记》记载:"石虎皇后出,以女骑一千为卤簿,令冬月,皆著紫纶巾,蜀锦裤褶。"裤褶在北朝时期更是流行一时,山西太原北齐张肃墓出土的女侍俑即着右衽宽袖大口裤褶。[①]

裲裆原为男子服装,但亦为女子所用。只是妇女与男子有所不同,裲裆

---

① 山西省博物馆:《山西圹坡北齐张肃墓文物图录》,中国古典艺术出版社1958年版,第45页。

最初多穿在里面,后来才罩在衫袄之上。在新疆阿斯塔那十六国前凉墓葬中发现有绣裲裆一件,穿着在女尸身上,裲裆为红绢面,素绢里,内夹丝絮,并以素绢镶边①,为研究提供了实物资料。

二、魏晋南北朝时期妇女佩饰

佩饰,是为美化衣服或人体裸露部分,对其所进行的修饰或附加的装饰物。

魏晋南北朝时期,妇女的主要饰物有步摇、珰、钿、钗、簪、跳脱(臂钏)、指环等名目。步摇是有垂珠的金玉首饰。《释名》:"步摇,上有垂珠,步则摇也。"它本是后妃、公主的饰物,这时使用范围扩大,对此,在当时的诗歌中也有所反映。如南朝梁女诗人沈满愿《咏步摇花诗》做了相当形象的描绘:"珠华萦翡翠,宝叶间金琼。剪荷不似制,为花如自生。低枝拂绣领,微步动瑶瑛。但令云髻插,蛾眉本易成。"大意是说,步摇上缀以美丽的珍珠、翡翠,饰以用薄金片和玛瑙精制的荷花,花叶相间,栩栩如生,把它插在云髻前的两额间,枝弯珠垂,轻拂绣领,稍一挪步则珠玉摇动。

根据文物研究,有的学者认为,它的形制一般以金为凤,下有邸,前有笄,缀五彩玉以垂下,行则动摇。步摇本流行于贵族妇女,此时已遍及民间。晋代傅玄《有女篇》云:"有女怀芬芳,媞媞步东厢……头安金步摇,耳系明月珰。"诗中女子便来自民间。值得一提的是,步摇不仅流行于中原地区,亦为边境少数民族所喜爱,据说鲜卑慕容氏的上层统治者喜戴步摇冠,考古证实,在辽宁北票鲜卑慕容氏的墓葬中发现了步摇的实物。②

珰,即今天的耳环。《释名》:"穿耳施珠曰珰,此本出于蛮夷所为也。蛮夷妇女轻淫好走,故以琅珰锤之也,今中国人仿之耳。"它是汉族妇女仿效南方少数民族妇女的饰品,不过当时主要悬挂珍珠。西晋傅玄《有女篇》列举了女子的主要饰物:"头安(一作首戴)金步摇,耳系明月珰。珠环约素腕,翠羽垂鲜光。"③

钿,是用金、银、珠、翠及其他材料做成花朵形的饰物,插于妇女的头上作为装饰。钿字出现较晚,东汉许慎《说文解字》原文中无此字,宋朝徐铉校

---

① 新疆社会科学院考古研究所:《吐鲁番阿斯塔那古墓区65TAM39墓》,《考古与文物》1983年第4期,第17页。

② 陈大为:《辽宁北票房身村晋墓发掘简报》,《考古》1960年第1期,第15页。

③ 逯钦立:《先秦汉魏晋南北朝诗·晋诗》卷1。

订时新附若干字,钿即其中之一,并释之曰:"钿,金花也,从金田声。"清朝人郑珍《说文新附考》:"汉以前书无钿,《释名》止言花胜。王嘉《拾遗记》载魏明帝宫人云:'不服辟寒钿,那得帝王怜。'是汉魏间有此名。"①

簪,是固发兼装饰用的笄,由金、玉等原料制成,为男女通用的饰物。女子用于固定头发,而男子则用于将冠与头发相固定。在南京东晋王丹虎墓出土有金簪,山西大同北魏冯太后永固陵中出土有铜簪与骨簪的实物。②

钗,是女子常用的饰物。《释名》:"钗,枝也,因形名之也。"这一时期墓葬中多次出土各种质地的钗,有金、银、铜等。除一般的双股钗外,还有一种金爵钗,亦称雀钗,上有雀样的花饰,工艺繁杂,一般为三品以上官员眷属使用。

跳脱,亦称条脱,是妇女在小臂所戴的金属饰物。垂手时则落到腕部,后世多称为臂钏或腕钏。南朝梁简文帝萧纲《和湘东王名士悦倾城诗》云"衫轻见跳脱"③,指的就是风吹衫袖,露出臂钏。南朝齐东昏侯潘妃的一只琥珀钏价值170万。④

指环就是今天人们常戴的戒指,当时亦是妇女经常使用的饰物,在这一时期的各地墓葬中出土有相当数量的金、银指环,其形状与今天的戒指大致相似。

另外,兵器首饰的使用则是该时期妇女的创举。据《晋书》卷27《五行志上》载:"惠帝元康中,妇人之饰有五兵佩,又以金银玳瑁之属,为斧钺戈戟,以当笄。干宝以为'男女之别,国之大节,故服物异等,贽币不同。今妇人而以兵器为饰,此妇人妖之甚者。于是遂有贾后之事'。终亡天下。"可见,当时妇女不仅把五种兵器作为腰间佩饰,又把五种兵器中的斧、钺、戈、戟,用金银玳瑁做成簪、钗。兵器代表杀伐,并非祥和之物,故干宝力主反对。那么,妇女们为何偏偏要以兵器为饰?细推缘由,事出有因。惠帝元康年间,"八王之乱"正酣,此后战乱频繁,民生涂炭。妇女以兵器为饰,目的在于辟邪,反映他们渴求和平、反对战乱的善良愿望。

---

① 丁福保:《说文解字诂林》,中华书局1988年影印本,第112页。
② 南京市文物保管委员会:《南京象山东晋王丹虎墓和二、四号墓发掘简报》,《文物》1965年第10期,第31页;大同市博物馆、山西省文物工作委员会:《大同方山北魏永固陵》,《文物》1978年第7期,第28页。
③ 逯钦立:《先秦汉魏晋南北朝诗·梁诗》卷21。
④ 《建康实录》卷15《齐废帝东昏侯》。

三、魏晋南北朝时期妇女发式

魏晋南北朝时期妇女的发式名目繁多,比较著名的是灵蛇髻、飞天髻、撷子髻、云髻、螺髻等。

灵蛇髻,始自魏晋时期。髻式变化无常态,盖随时随形而梳绕之,据说是由曹魏文帝妻甄后所创。《采兰杂志》:"甄后既入魏宫,宫庭有一绿蛇,口中恒吐赤珠,若梧子大,不伤人,人欲害之,则不见矣。每日后梳妆,则盘结一髻形于后前,后异之,因效而为髻,巧夺天工,故后髻每日不同,号为灵蛇髻,宫人拟之,十不得一二也。"①传说甄氏进入魏宫当了皇后以后,每天梳妆打扮的时候都有一条绿色的小蛇盘结在她的左右,甄氏就是模仿它盘绕的形状梳成了各种鬟式。梳这种发髻的时候,一般都是把头发掠在头顶,然后汇成几股,再盘成各种形状。结果,发髻巧夺天工,每日不同,深得天子的喜爱和妃嫔的羡慕。这种发髻的样式,在晋人顾恺之的《洛神赋图》中可以找到遗迹,图中的洛神,就梳这种发髻。

飞天髻,又叫飞天紒,是一种三环高髻,刘宋时期比较流行。《宋书》卷30《五行志一》载,"宋文帝元嘉六年(429年),民间妇人结发者,三分发,抽其髻直向上,谓之'飞天紒',始自东府,流被民庶"。其形是先将头发分三份,每份用丝绦缚住,向上盘卷成环状。出自宋文帝宫中,传至民间,后一直流行于宋、明各朝。这种发式在河南邓州市南北朝墓出土的"飞天"壁画上可以看到。飞天髻与灵蛇髻相比,更注重形式美的变化,多股发髻耸立缠绕,产生流动的线条和多变的造型,这与当时处于动荡社会的人们渴望将心中压抑、不安情绪以发式抒发出来多少有点关系。

撷子髻,或名缬子髻,为晋惠帝宫中所创,后流传于民间。史载,晋惠帝"元康中,妇人结发者,既成,以缯急束其环,名曰撷子髻,始自中宫,天下化之"②。这种发式的主要特点在于,用漂亮的丝绸带子将髻环紧紧扎住,带结呈各种形状,样式非常新颖别致,这才引起民间纷纷仿效。

云髻,高耸的发髻。曹植《洛神赋》载:"云髻峨峨,修眉联娟。"李善注:"峨峨,高如云也。"有关云髻描述甚多,如梁朝女诗人沈满愿《泳步摇花诗》云:"但令云髻插,蛾眉本易成。"谢朓《落梅》诗云:"用持插云髻,翡翠比光辉。"

---

① 转引周锡保《中国古代服饰史》,第156页。
② 《宋书》卷30《五行志一》。

螺髻，形似螺壳的发髻，是将长发向右萦绕，在头顶盘成高高的螺形。这是北朝妇女中流行的发式。麦积山塑像和河南龙门、巩义市北魏北齐石刻及《北齐校书图》女侍即有各式螺髻。

芙蓉髻，是指发髻上耸，状如芙蓉。若插以花钗，人们称之为花钗芙蓉髻。沈约描写山阴县一位柳家女子"云鬟花钗举"大约是这种发式，故乐府诗《读曲歌》云："花钗芙蓉髻，双鬓如浮云。"

除了上面提到的发式以外，另外还有盘桓髻、反绾髻、白花髻、涵烟髻、归真髻、凌云髻等，也是当时流行的发式。

魏晋南北朝在盛行高髻的时期，假发的使用非常普遍。当时上至后妃，下至贫女，莫不戴之以为美，这在历史上确属罕见。《晋书·五行志上》载："太元（376—396年）中，公主妇女必缓鬓倾髻，以为盛饰。用髲既多，不可恒戴，乃先于木及笼上装之，名曰假髻，或名假头。至于贫家，不能自办，自号无头，就人借头。遂布天下。"①《北史·齐纪》也载："又妇人皆剪剔以著假髻，而危邪之状如飞鸟，至于南面，则髻心正西。始自宫内为之，被于四远。"②酒泉嘉峪关晋墓壁画中的女主人和女童的发式，从形姿而观，其"危邪之状如飞鸟"，颇似《北史·齐本纪》中所说的假髻。西安草厂坡出土的北魏俑也是戴的假髻。由此可见，此时假发盛行。特别是一些头发短的人，为了使自己的发髻能达到时尚的标准，不得不在头发之间加上一些假发来梳理发髻，或用假发制成发髻再戴到头上。假发髻也有各种各样的名称，如"蔽髻"就是一种假髻，这种假髻梳成以后还要插上金银饰品，而且所用的首饰也有严格的要求。当时，还有一种比较流行的假髻，名叫"缓髻"。做这种发髻的人大多是贵族家的妇女。这种假髻在头顶竖立，必须有明显的向前倾的架势，才能产生那种雍容华贵的特殊效果。有的时候，因为发髻太高几乎没有办法竖立起来，余下的头发就在额头搭着，仅仅能露出眉目。两鬓垂下的头发也把耳朵遮住，并且和脑后的头发相连，有些还形成披肩发。朝廷命妇的假髻所用饰物都有严格规定，按金钿多少区分等级。随着假髻的盛行，人发供不应求，假髻的价格相当昂贵，贫穷人家的女子置办不起假发，不得不去邻家借，这就是所谓的"借头"，当时借头之风很是盛行。东晋名士陶侃之母早年因家贫无力待客，忍痛剪下自己的秀发卖钱沽酒的轶事，也正是在这样的环境下才能产生。

---

① 《晋书》卷27《五行志上》。
② 《北史》卷8《幼主纪》。

四、魏晋南北朝时期妇女面妆

魏晋南北朝时期，傅粉施朱、注重化妆是极流行的社会习俗。当时贵族妇女和歌姬舞女无不施粉于面，以求白晳；施朱于颊，若欲桃花。即便是一般民女乃至老年仆妇或小女孩亦然。人们所熟知的女英雄花木兰，当她女扮男装代父从军载誉归来后，爱美之心促使她迫不及待地化起妆来。据《乐府诗集》卷25载："脱我战时袍，着我旧时裳。当窗理云鬓，对镜贴花黄。"南朝王裕之"左右尝使二老妇女，戴五条辫，著青纹裤褶，饰以朱粉"[①]。西晋左思在《娇女诗》中形象地描绘了自家的两个小娇女模仿大人化妆的逗人情景："吾家有娇女，皎皎颇白晳。小字为纨素，口齿自清历。鬓发覆广额，双耳似连璧。明朝弄梳台，黛眉类扫迹。浓朱衍丹唇，黄吻澜漫赤。……其姊字惠芳，面目粲如画。轻妆喜楼边，临镜忘纺织。举觯拟京兆，立的成复易。玩弄眉颊间，剧兼机杼役。"

当时妇女面妆样式甚多，名称新颖，如酒晕妆、桃红妆、飞霞妆、梅花妆、半面妆、黄眉墨妆等。面部先傅粉，再以胭脂调匀于掌中，施之两颊，浓者为酒晕妆，浅者为桃红妆。梁简文帝《艳歌篇》云："分妆间浅靥，绕脸傅斜红。"徐君倩《别义阳郡》云："颊上红疑浅，眉心黛不青。"这些诗句描写的便是桃红妆。介于酒晕妆与桃花妆之间的叫飞霞妆。这种面饰的涂抹方法与一般妆容不同，它是先薄薄施朱，再盖以白粉，给人以白中透红、艳若飞霞之感。此妆较适合老妇。梅花妆始于刘宋，是指女子在额上贴一梅花形的花子妆饰。《杂五行书》称："宋武帝女寿阳公主日卧于含章殿檐下，梅花落公主额上，成五出花，拂之不去。皇后留之，看得几时，经三日，洗之乃落。宫女奇其异，竞效之，今梅花妆是也。"不难看出，梅花妆的特点是在额上施以胭脂，使之状若梅花。半面妆是指面部只化妆半面。黄眉墨妆只限于北朝后期，原因在于北周宣帝"禁天下妇人皆不得施粉黛之饰，唯宫人得乘有辐车，加粉黛焉"[②]。专制帝王剥夺了广大妇女涂饰粉黛的权利，妇女化妆便只好简单草率，在眉额间涂上黄色或以金黄色纸剪成花、鸟、星、月等形贴于额上便算了事，花木兰"对镜贴花黄"便属此种面妆。此外，南朝妇女化妆时，有人还喜欢用黄丹在眉间点上黄星靥子，面颊间加月牙儿装点。南朝东府诗"约黄能效月"，指的便是这种新奇的面妆。眉妆是面妆的重要组成部

---

① 《南史》卷24《王裕之传》。
② 《周书》卷7《宣帝纪》。

分。自三国至南北朝,妇女最钟爱的眉妆是长眉,或称修眉。画眉时,使用一种叫黛螺的颜料,使眉呈青黑色,谓之黛眉或翠眉。

总之,魏晋南北朝妇女的服饰风貌,有开放性、多变性和创新精神等鲜明特征,反映了那个时代广大妇女在思想上、精神上的空前解放,是她们鄙视世俗,敢于向传统封建礼法大胆挑战,勇敢地追求个性解放的又一重要体现。

第四节 纺织与印染

一、魏晋南北朝时期纺织业

(一)三国的纺织业

汉末以来,政局混乱,中原经济遭到严重破坏。曹操执政以后,采取各种有效措施来发展经济。当时,曹魏统治下的纺织业有了一定的恢复。左思在其《魏都赋》中形容北方几个纺织中心是"锦绣襄邑,罗绮朝歌,绵𬬮房子,缣总清河",可见襄邑、洛阳等地纺织业的发达。

蜀汉地处成都平原,自然条件比较优越。蜀的纺织主要是丝织,其中的织锦在三国中无与伦比。所产蜀锦以精丽著称,享有盛名。左思在《蜀都赋》中赞美蜀锦生产盛况是:"百室离房,机杼相和,贝锦斐成,濯色江波,黄润比筒,籯金所过。"锦在蜀汉的政治、经济社会生活具有重要作用。统治者常用精美的蜀锦作为与外国交聘的礼物,或用于对有功之臣的赏赐,大批的蜀锦还销往与蜀汉在政治上相对立的曹魏、孙吴地区,成为蜀财政收入的一项重要来源。据《太平御览·诸葛亮集》载,诸葛亮辅佐刘备,把蜀锦作为国家重要物资而加以发展,并颁布法令说:"今民贫国虚,决敌之资唯仰锦耳。"直到蜀灭亡时,国库中仍存有大量的织锦。

孙吴的纺织业虽然锦不如蜀,绢不及魏,但它的葛布、麻布的生产却使魏、蜀望尘莫及。左思在《吴都赋》中说到建业商品市场中的布匹时,曾指出"蕉葛升越,弱于罗纨",意思是指优质越布、葛布比罗纨还柔软,可见葛布的精致。

(二)两晋、南北朝的纺织业

在西晋,由于自耕农普遍要交调绢,因而民间丝织业较为发达。在豪族世家的庄园之中,丝织业发展水平就更高,提花技术也得到很大的普及,这不但有众多考古实物为证,而且西晋杨泉《织机赋》等文献也在一定程度上反映了这一情况。《织机赋》云,"取彼椅梓,桢于修枝,名匠聘工,美手利器。心畅体通,肤合理同","足闲踏蹑,手习槛匡,节奏相应,五声激扬"。文中说的是织工和挽花工共同操作的情况,并对织机材料、安装规格、提花操作都做了细致的描写。由于豪族世家拥有大量的绢绵,他们可以织造出种种服饰来,有的织作水平超过了官府手工业。

东晋以来,北人南徙者甚多,由于他们习于罗纨绮縠等丝织服物,桑蚕业也随之南移,并促进了南朝丝织业的发展。刘裕灭后秦时,将关中锦工迁往江南,成立锦署,让他们生产锦,此后南方锦的产量很大。据《梁书》卷56《侯景传》载,侯景据寿春,将反,"启求锦万匹,为军人袍"。陈时曾有"上织成罗文锦被二百首,诏于云龙门外焚之"[①]的记载。南方织造技术驰名塞外,据《南齐书·芮芮虏传》载:"芮芮王求医工等物,世祖诏报曰:'知须医及织成锦工、指南车、漏刻,并非所爱。南方治疾,与北土不同。织成锦工,并女人,不堪涉远。指南车、漏刻,此虽有其器,工匠久不复存,不副为误。'"[②]这些说明,这一时期的丝织业有了进一步发展。另外,由于南方为麻葛产区,当时用麻织成的布不仅品种增加,而且质量提高。品种有越布、香葛、细葛、南布等,其中高级织品极为精巧。史载,宋武帝时"广州尝献入筒细布,一端八丈,帝恶其精丽劳人,即付有司弹太守,以布还之,并制岭南禁作此布"[③]。由于技术改进,到南朝末年出现了晚上浣纱而第二天早晨就织成了的布,叫"鸡鸣布",产量尤为丰富。

在北方,后赵的丝织业相当发达。据陆翙《邺中记》记载,邺城设织锦署,"巧工、作锦皆数百人"。当时,锦的名目极多,"锦有大登高、小登高、大明光、小明光、大博山、小博山、大茱萸、小茱萸、大交龙、小交龙、蒲桃文锦、斑文锦、凤凰朱雀锦、韬文锦、桃核文锦,或青绨、或白绨、或黄绨、或绿绨、或紫绨、或蜀绨,工巧百数,不可尽名"。随后建立的前秦,丝织业也很发达。北魏太武帝(424—451年)时,平城宫内曾有"婢使千余人,织绫锦贩卖",并

---

① 《陈书》卷5《宣帝纪》。
② 《南齐书》卷59《芮芮虏传》。
③ 《南史》卷1《武帝纪》。

有"丝绵布绢库"①。孝文帝(471—499年)时,"罢尚方锦绣绫罗之工",并将"御府衣服、金银、珠玉、锦绣,……班赉百官及京师士庶,下至工商皂隶,逮于六镇戍士各有差"②。北齐和北周沿袭北魏制度,重视发展纺织业。当时的丝织业中心仍在河北,直到唐代前期,河北定州仍是贡奉绫锦最多的地方,织物非常精丽。据《北齐书》卷22《李元忠传》载,元忠"曾贡世宗蒲桃一盘,世宗报以百练缣"。《北齐书》卷39《祖珽传》也载,祖珽"出山东大文绫并连珠孔雀罗等百馀匹,令诸妪掷樗蒲赌之,以为戏乐"。由此可见当时绫罗等丝织品数量之多。

二、魏晋南北朝时期印染技术

三国时期的织物印染技术,是直接继承东汉的。根据许慎《说文解字》记载,东汉时已能染十四种以上的颜色。从新疆吐鲁番阿斯塔古墓出土的大量锦绮,可以看到有大红、绛红、粉红、黄、淡黄、浅栗、紫、宝蓝、翠蓝、叶绿、白等颜色,色彩极为丰富。还值得一提的是,魏晋时,南京以染黑著称,所染黑色丝绸质量相当高,一般平民穿不起,大多为有钱人享用。晋代南京秦淮河南有乌衣巷,据称住在这里的贵族子弟及军士都穿黑色绸衣。南京出产的黑绸直到近代仍驰名中外。

我国制造靛蓝的技术,至三国以后,已完全成熟。北魏贾思勰在其著作《齐民要术》中,详尽地记述了当时我国劳动人民在种植蓝草方面的经验,并第一次用文字记载了用蓝草制取靛蓝的方法:刈蓝倒竖坑中,下水,然后用木、石压住蓝草,使其全部浸入水中。浸渍时间是"热时一宿,冷时再宿",将浸液过滤,置于瓮中,再按1.5%的比例往滤液中加石灰,同时用木棍急速搅动,等沉淀以后,"澄清泻去水",另选一"小坑储蓝靛",再等它水分蒸发到"如强粥"状时,则"蓝淀成矣"。此外,贾思勰在《齐民要术》中还总结了用红花炼取染料的工艺技术,该技术于隋唐时传到日本。

另外,这一时期人们还掌握了绞缬的印花技术。绞缬,又名撮缬或扎缬,是我国古代民间常用的一种染色方法。其扎法一般是在待染的织物上预先设计图案,用线沿图案边缘处将织物钉缝、抽紧后,撮取图案所在部位的织物,再用线结扎成各种式样的小绞。浸染后,将线拆去,缚结部分因染料没有渗进或渗进不充分,就呈现出着色不充分的花纹。绞缬花样色调柔

---

① 《南齐书》卷57《魏虏传》。
② 《魏书》卷7《高祖纪下》。

和,花样的边界由于受到染液的浸润,很自然地形成由深到浅的色晕,使织物看起来层次丰富,具有变幻迷离的艺术效果。当时流行的绞缬花样有蝴蝶、蜡梅、海棠、鹿胎缬、鱼子缬等,其中以酷似梅花鹿毛皮花纹的鹿胎缬最为昂贵。东晋南北朝时,绞缬染制的织物,多用于妇女的衣着。晋代陶潜在他的《搜神后记》中记述了一个故事:一个年轻的贵族妇女穿着紫缬襦(即上衣)青裙,远看就好像梅花斑斑的鹿一样美丽。很显然,这个妇女穿的衣服,是用有鹿胎缬花纹的绞缬制品制成。由于绞缬染只要家常的缝线就可以随意做出别具一格的花纹,因而在古代应用很广泛。绞缬产品也曾通过丝绸之路远销到西亚地区。

除绞缬印花方法外,夹缬工艺也有较大发展。夹缬实际上是镂空版印花。它是用两块雕镂相同的图案花版,将布帛对折,紧紧地夹在两版中间,然后就镂空处涂刷染料或色浆。除去镂空版,对称花纹即可显示出来。夹缬始于秦汉之际,到北朝时已有了相当大的生产规模。传说北魏孝明帝时,河南荥阳有一个叫郑云的人,曾用印有紫色花纹的丝绸四百匹向当时的官府行贿,弄到一个安州刺史的官衔。这些花绸是用镂空版印花法加工制成的。

此时南方和四川已在种植从西域、新疆等地传入的棉花。在印染方面,扎染工艺水平越来越高,能染出自然的圆点和条纹图案。从南北朝开始,纹样有了新的发展。以龙凤为主体的图案在构成上虽然保持了西汉、魏晋的传统形式,但造型却具有明显的时代特征。它一改汉代的古拙浑穆,而趋于生动灵巧、轻捷多姿,其他鸟兽造型也是这样。花鸟植物纹样逐渐增多,如莲花、牡丹、芙蓉、海棠、鸳鸯、白头翁、鹦鹉、仙鹤等,经常在锦绣中出现,且风格较前期有所改变,对日后隋唐的织物图案有重要影响。①

---

① 赵晓玲:《服饰文化纵览》,山西人民出版社2007年版,第42页。

第二章

商业活动

第一节 官僚经商

重农抑商是东方中世纪国家政权的基本政策,而魏晋南北朝因专制集权大为削弱且又面临着南北对峙、统治区域大大缩小的严峻局面,这就决定了魏晋南北朝诸政权既无力继续秦汉时期那种严厉的抑商政策,又不得不企望通过对商业政策的调整来达到增加政府财政收入的目的。加以社会上贱商观念的改变,从而促进商业资本的扩大和商人社会地位的提高。在此背景之下,官僚经商之风日渐盛行。官僚的普遍经商,在一定程度上促进了当时商品经济的发展。同时,也使传统的商业内容发生了变化,对当时社会经济产生了重大的影响。

一、魏晋南北朝时期官僚经商普遍

东汉末年以来,随着传统儒家义利观受到社会现实的冲击,踊跃经商已成为当时的社会风气。《三国志》卷48《孙休传》载,东吴永安初,孙休在诏令中说,"自建兴以来,时事多故,吏民颇以目前趋务,去本就末,不循古道","自顷年以来,州郡吏民及诸营兵,多违此业,皆浮船长江,贾作上下"。孙休颁诏的目的是重申重农抑商政策,然而从诏令中所见事实来看,孙吴时商业意识已浓,去农从商之风日盛。萧梁时徐勉在《诫子书》中提到门人故旧劝他"或使创辟田园,或劝兴立邸店,又欲舳舻远致,亦令货殖聚敛"①。由此可见,经商逐利已成为魏晋南北朝时期社会各阶层的普遍行为。在其影响下,官僚经商日益普遍化。

该时期官僚经商主要有以下三种形式。

(一)将田庄内生产的各种物品投入市场以牟利

魏晋南北朝的官僚,往往是大小不等的田庄山泽之主,他们封略山湖,广占田园,在求利观念的驱使下把庄园内生产的物品投入市场,从中牟取商利,从而助长了社会上的从商之风。如西晋的王戎,"家有好李,常出货之,

---

① 《梁书》卷25《徐勉传》。

恐人得种,恒钻其核"①。东晋曾任广州刺史的刁逵,家有田万顷,"兄弟子侄并不拘名行,以货殖为务"②;刘宋的沈庆之"广开田园之业,每指地示人曰:'钱尽在此中'"③;即使像以"良吏"著称一时的萧梁尚书仆射徐勉,也承认自己经营田园是"非在播艺,以要利入"④。这种商业活动,是在宗法封建性大土地所有制的庄田经济基础上发展起来的,是农产品及手工产品商品化程度提高的结果,尽管带有相当浓厚的封建性,但它在促使整个商业趋向繁盛上仍具有直接作用。

(二)从事长途贩运的商业活动

在战乱频仍的多事之秋,封建官僚乘机凭借自己享有的特权越关津、免重税、运禁货,从中牟取重利。东晋江州刺史刘胤就因大做买卖、"商旅继路"⑤而影响了公家的漕运;刘宋前将军吴喜在平定西南战事后,派部下往襄阳和蜀汉一带大做买卖,及至东返,"大艑小舼,爰及草舫,钱米布绢,无船不满。自喜以下,迨至小将,人人重载,莫不兼资"⑥。在官吏从事贩运的货物中,更多的是地方官吏卸任罢郡或归家省亲时捎带的各地土产杂物。如东晋谢安有同乡从中宿县离职,随带蒲葵扇五万,谢安取其中者捉之,结果"京师士庶竞市,价增数倍"⑦。再如刘宋时孔觊弟孔道存和从弟孔徽,平时就"颇营产业",临时请假回乡,"辎重十余船,皆是绵绢纸席之属"⑧。利用归资大捞一把已成为当时的一种风气。

(三)设邸开店,坐收商利

魏晋南北朝时期,从京师到地方州郡,邸肆店舍随处可见,尤以南朝为多,其中相当一部分是由官僚经营的。以刘宋而言,孝武帝诸子"皆置邸舍,逐什一之利,为患遍天下"⑨。明帝时,会稽郡内"王公妃主,邸舍相望,桡乱在所,大为民患,子息滋长,督责无穷"⑩。这种邸舍不仅从事商业,还向民间

---

① 《晋书》卷43《王戎传》。
② 《晋书》卷69《刁协传》。
③ 《宋书》卷77《沈庆之传》。
④ 《梁书》卷25《徐勉传》。
⑤ 《晋书》卷81《刘胤传》。
⑥ 《宋书》卷83《吴喜传》。
⑦ 《晋书》卷79《谢安传》。
⑧ 《宋书》卷84《孔觊传》。
⑨ 《南史》卷34《沈怀文传》。
⑩ 《宋书》卷57《蔡廓传附兴宗传》。

举放高利贷。据《南史》卷51《临川靖惠王宏传》载,梁代临川靖惠王萧宏,在"都下有数十邸",除藏钱三亿多,堆放布、绢、丝、绵、漆等物品达数十个库房之外,其邸舍还"出悬钱立券,每以田宅邸店悬上文券",逾期不还者,作为抵押的不动产即归其所有。其他如南齐柳世隆、萧梁曹景宗等也都在各自州郡立邸置舍,从事商业买卖活动。显然,"贵戚竞利,兴货廛肆"①,已成为魏晋南北朝时期的普遍风气。

总之,整个魏晋南北朝时期,官僚经商是十分普遍的现象。一直到南北统一以后,隋王朝于开皇十四年(649年)才下诏加以干预。史载,是年"六月丁卯,诏省府州县,皆给公廨田,不得治生,与人争利"②。可见,魏晋南北朝官僚经商的现象是与该时期历史相始终的。

二、魏晋南北朝时期官僚经商的原因

魏晋南北朝时期上至皇帝、王公贵族,下至州郡守宰长吏,都从事商业活动。那么,这种现象出现的原因是什么呢?也许我们会认为它与这一时期封建国家分裂割据、政治动荡不安、掠夺成性的心态有关;或者会归结于这一时期自然经济的比重在整个社会经济中增大,民间商业衰退,使官营商业一枝独秀。其实,造成魏晋南北朝官僚经商盛行的主要原因,上述因素仅仅是一种表面现象,透过表象,我们可以找出这一情况的深刻根源。

(一)颓废侈靡的社会风气

俗话说:"乱世之人,易流于奢。"当时的社会生活呈现一种颓废、侈靡之风。华核上孙皓疏中提到:"百工作无用之器,妇人为绮靡之饰,……转相仿效,耻独无有。兵民之家,犹复逐俗,内无担石之储,而出有绫绮之服。至于富贾商贩之家,重以金银,奢恣尤甚。"为满足这样的生活,必定需要大量的钱财。当时只有江左世族和江北渡江较早的世族,财力较为雄厚;渡江较晚的世族和寒门出生的庶族,如《颜氏家训·涉务篇》载"未有力田,悉资俸禄而食耳"。而当时各朝的俸禄又十分微薄,与奢侈的社会生活相比,必会导致这些依靠俸禄为生的官吏陷入"贫苦"之中。为适应当时的社会风气,要想谋财,只有从事商业活动。

(二)优越显赫的政治地位

魏晋南北朝的官僚,大多出身士族门阀,凭借门第,他们拥有各种特权。

---

① 《南史》卷20《谢弘微传附谢庄传》。
② 《隋书》卷2《帝纪第二·高祖下》。

首先是免税权。据《南史》卷77《沈客卿传》载,南朝的"军人,士人,二品清官并无关市之税"。而实际上,南朝正是税目繁多,税敛沉重之时。所以,这些世族无疑就比其他中、小商人和民间小商贩占有优势。其次,可利用职务之便经营商业,如利用手中权力搞垄断贸易。据《宋书》卷45《刘粹传附刘道济传》载,刘宋益州刺史刘道济的部属,"并聚敛兴利,而道济委任之,伤政害民,民皆怨毒"。更有甚者为垄断川马、蜀锦和盐铁之利,规定远方商人到蜀交易者,"限布丝绵不得过五十斤,马无善恶,限蜀钱两万"①。又如边关将吏经商,不但风险小,且获利丰厚。《梁书》卷33《王僧儒传》记载:"僧儒为南海太守,郡常有高凉生口及海舶,每岁数至,外国贾人以通货易;旧时州郡以半价就市,又买而即卖,其利数倍,历政以为常。"

(三)商品化的生产经营

魏晋南北朝的官僚,身为大庄园主,都是占尽膏田沃野、山林川泽。当时,他们以屯、邸及别墅等组织形式对广大的山林川泽进行开发和经营,庄园中包含了农业、畜牧业、渔业、园艺业以及手工业等各种生产部门。如谢灵运《山居赋》中所记庄园种植的东西有粮食、水果、蔬菜、药材;手工业有纺织、酿酒、采矿、冶炼、竹木砍伐等。又由于复客制度,及大批流动人口的依附,使其拥有大批的劳动人手,可按分工协作的方式组织大规模的生产,以提高劳动效率,从而产量增加,产品有了剩余,就可拿去销售,因此当时庄园内的生产已有商品化的倾向。以蔬菜而言,刘宋将军吴喜及部下从四川返京时,除贩运粮食外,还用大船小舸装载干姜数千斤,希冀投到京师市场。《宋书》卷77《柳元景传》云其"有数十亩菜园,守园人卖得钱二万送还宅"。由于蔬菜成了商品是很普遍的现象,所以有吕僧珍父兄那样的"以贩葱为业"②的蔬菜贩运商和专门出卖蔬菜的市场。

(四)贱商观念的改变

汉代在传统儒家义利观占支配地位的时候,所谓的"有志之士"对商业往往鄙而不屑为之,耻之入市,那时入市采办的大都是仆役之流。但汉末以后,这种观念受到社会现实的冲击,人们受当时局势的影响,朝代更替,政局动荡,有一种不安全感。所以,往往退而求财,把精力大都投在经营庄园、追逐商业、享受生活上。加以当时政府对商业政策的变化及侈靡的社会风气,

---

① 《宋书》卷45《刘粹传附刘道济传》。
② 《南史》卷56《吕僧珍传》。

于是魏晋南北朝上自皇帝、王公权贵,下至州郡守宰长吏,都从事商业活动,且规模巨大、获利甚丰,使当时社会形成一种官僚经商的风气。《抱朴子·外篇》中用"童仆成军,闭门为市""商船千艘,腐谷万庾"来描绘之。

(五)便利、发达的商业交通

与北部中国修复陆上旧道和开辟新道不同,南方主要发展水上交通。江南河网交错,水运便利,除可利用以长江为主干的天然河流外,还有一些人工开凿的运河。长江是南方水运交通、货物运输的重要干线,它把中下游的荆扬二州与上游的益州连接起来,促进了沿江各区的商品流通和物质交流,对南方经济、商业的发展有极其重要的作用。一旦江路断绝则后果不堪设想。与长江相关的另外几条分别为从广州至寻阳的南北水道,连接荆、湘地区的南北水路,由会稽经吴、京口以达建康的水道。而经由襄阳的南北路线则是长江以北的重要交通支线。这些很自然地构成了长江交通网。

另外,魏晋南北朝的统治者出于维护政权独立、政局稳定、促进经济发展的需要,人工开凿的运河及对天然河道的改造工程也比比皆是。如《太平御览》引《吴志》记载,吴国末年岑昏"凿丹徒至云阳、杜野、小其间,皆斩绝陵袭,施力艰辛"。这样,天然河流与人工运河就交错成一张便利的水运交通网,无形中为商业的发展提供了便利的交通。

三、魏晋南北朝时期官僚经商对社会的影响

毋庸讳言,魏晋南北朝时期官僚的经商,在一定程度上推动了整个社会商业的发展,反映了当时经济的繁荣。但是,这一现象的长期存在并不是历史的进步,它所带来的消极面远远超过其积极作用。

官僚的经商和商人的官僚化,使魏晋南北朝时期商人在整个国家政治、经济、文化生活中具有举足轻重的权力,出现了商人干政的局面,随之而来的自然是政治腐败、统治黑暗。位居统治者的官僚商人,对广大劳动人民的残酷剥削,激化了阶级矛盾,激起了人民的强烈反抗。这一时期社会动荡不安,农民起义此伏彼起,在很大程度上与此直接相关。另外,军队将领的经商,其危害更是一目了然,不言自明。

官僚贵族垄断商品生产和商业的行为,使魏晋南北朝的商业呈现着畸形发展的趋势。而官僚贵族的相对集中,也使该时期商业发展出现了地区间的不平衡性,商品经济活跃地区主要集中在京师及少数地区都会。

官僚经商的普遍性,遏制了民间商业的发展,使民间商业在整个六朝处于无足轻重的地位;追求豪侈生活的经商目的,使整个社会财富愈来愈被官

僚们消耗殆尽,从而阻碍了整个社会的进步。

第二节　货币流通

魏晋南北朝是中国历史上一个颇具特色的时代。动荡的政局,连年的战争,使得这一时期商品货币经济较两汉和隋唐,在许多方面都显示出自己的特色。研究这些特色,将有助于我们更准确地把握这一时期商品经济发展的水平。

一、魏晋南北朝时期货币的种类

在中国历史上,魏晋南北朝是一个最为复杂动荡的时代。在短短三百多年间,汉族和各少数民族先后建立过大小30多个政权,较大的战争发生500次以上。在这样一个"乱世"时代,货币种类繁多,流通区域广泛,货币制度极为混乱。概括起来,魏晋南北朝时期的货币主要有以下两类。

(一)实物货币

魏晋南北朝时期,货币流通领域混乱,尤其是金属货币受到实物货币的冲击。据《晋书》卷26《食货志》记载:"黄初二年,魏文帝罢五铢钱,使百姓以谷帛为市。至明帝世,钱废谷用既久,人间巧伪渐多,竟湿谷以要利,作薄绢以为市,虽处以严刑而不能禁也。"曹丕的这一举措为货币制度的大倒退拉开了序幕。两晋社会动荡不安,统治者忙于巩固政权,无力发展经济,这一时期皆不铸新钱,在流通中主要沿用前代旧钱。北魏建国之初,北方经济饱受战乱的摧残,生产遭受很大的破坏,拓跋部作为游牧民族,立国方针以农业经济为主,商品经济并不发达,贸易交换只能使用实物货币。纵观魏晋南北朝,实物货币在社会经济中一直占着重要的地位,原因主要是该时期的经济仍以自然经济为主,实物货币因其安全更易被人所接受,正如操晓理在《魏晋南北朝时期的粮食贸易》一文中所说,"在政局混乱、社会动荡、货币短缺、钱制不一的社会环境下,谷帛因其自身具有的使用价值,自然成为商品交易时进行收付或折算的首选工具"①。魏晋南北朝时期,充当实物货币的主要有绢帛、谷粟。

1. 绢帛

绢帛是古代人民在纸张出现之前用于书写的材料。西汉时期,绢帛开始作为货币,在市场上流通。东汉末,绢帛取代金属货币成为主要货币。曹魏更以"谷帛为市"。两晋南北朝出现绢帛排斥其他实物与金钱兼行为币的明显趋向。史载,北朝初年,绢帛代替金属货币行使价值尺度的职能,在交换中成为最主要的支付手段。这一时期,绢帛用途很多,不仅用来购买粮食,还可以用来建造佛寺。如《魏书》中记载"匹中八十余斛"②;"吏民大敛布帛以遗之,敁一皆不受,民亦不取,于是以物造寺焉,名长广公寺"③。此外,人们甚至用绢帛置办丧事,如北魏大臣毕众敬逝世后,皇帝就"诏于兖州赐绢一千匹,以供葬事"④。绢帛被广泛应用于社会生活各个方面,充分说明它在北朝时期是最主要的实物货币。

2. 谷粟

我国古时候人们经常用谷粟代替货币在市场上流通。南北朝时期,谷粟货币在市场上广为流通,不仅使用时间最长,而且流通范围较广,以致在社会上曾经出现"废弃货币"、"忘记货币""不准使货币"的现象。北朝初期,农业生产受到战乱的破坏,谷粟等粮食作物非常短缺,具有普遍存在的使用价值,因此谷粟常被作为货币使用。与绢帛不同的是,谷粟一般用于小额支付,如《张邱建算经》中记载"今有清酒一斗直粟十斗。醝酒一斗直粟三斗"。另外,在雇工的佣金中也使用了谷粟,对此《张邱建算经》中也有记载,"今有客岁作,要与粟一百五十斛"⑤。更有甚者,谷粟有时还被用来支付军饷,据《魏书》中记载,"暂时之耕,足充数载之食。于后兵资,唯须内库,五稔之后,谷帛俱溢"⑥。

(二)金属货币

魏晋南北朝时期的金属钱币种类较多,在钱文上已打破了铢两相称的

---

① 操晓理:《魏晋南北朝时期的粮食贸易》,《史学月刊》2008年第9期,第97页。
② 《魏书》卷110《食货志》。
③ 《魏书》卷40《陆俟传附陆馛传》。
④ 《魏书》卷61《毕众敬传》。
⑤ 张邱建:《张邱建算经》,辽宁教育出版社1998年版,第23~38页。
⑥ 《魏书》卷44《薛虎子传》。

习惯,出现了一些国号钱、年号钱及古语钱,如"大夏真兴""太和五铢""永平五铢""永安五铢""常平五铢"等。这一类钱由于奇货可居,伪造也多。

1. 南朝钱币概况

东晋灭亡后,我国南方先后历经宋、齐、梁、陈四个王朝,史称南朝。南朝时期,币制混乱,随着朝代的更迭,货币屡次更改。这里主要介绍"当两五铢"和"太货六铢"。

(1)"当两五铢"。东晋恭帝元熙二年,执掌朝政的重臣刘裕废恭帝司马德文,自立为帝,改国号为宋,建元永初,史称刘宋。据《宋书·文帝纪》载:"元嘉二十四年(447年)六月……以货贵,制大钱一当两……(元嘉)二十五年五月罢大钱当两。"①这种大钱当两,被认为是当两五铢钱。当两五铢钱直径2.7厘米,穿径1厘米,厚重5克,面文"五铢"文字粗壮,面有外郭无内郭,背有内外郭;钱径重量均不同两汉五铢钱。"当两五铢"是不足值的虚钱,实际上是通货贬值,所以施行不到一年便被废止。

(2)"太货六铢"。南朝陈宣帝陈顼太建十一年(579年),铸行一种新的钱币"太货六铢"。此钱铜质优良,轮廓整齐,钱文瑰丽匀称,铸造精妙绝伦,居南朝之冠。太货六铢尽管铸造精美,在当时却并不受欢迎。因其大小和旧五铢相仿,而朝廷规定新钱一枚要抵十枚五铢旧钱,这种货币贬值,是对人民的一种剥削,于是引起人民不满,纷纷抵制。

总之,南朝宋、齐、梁、陈四朝差不多都铸轻钱,主要是为了搜刮民利。铸钱一般采取尽量少用铜的偷工减料的办法,这也就是南朝经济衰颓、钱法紊乱的原因。

2. 北朝钱币简介

太和十九年(495年)北魏发行"太和五铢"以后,北朝历代政权都有铸造钱币,主要有以下几种。

(1)太和五铢。太和十九年(495年),孝文帝迁都洛阳后下令铸造了五铢钱,因孝文帝年号为太和,所以铸造的五铢钱称作"太和五铢"。它以汉朝五铢钱为标准,钱币上面的文字呈方折形状,字体介于隶书、篆书之间。太和五铢钱分为大钱和小钱:大钱直径为两厘米,重量为三克;小钱直径两厘米,重为两克。但是孝文帝的太和五铢只是流通于京师一带,未能进入北魏的其他统治地区,这次铸钱的效果并不是很理想。

(2)永平五铢。北魏永平三年(510年),宣武帝铸造永平五铢。永平钱

---

① 《宋书》卷5《文帝纪》。

种类繁多,有大有小,大者多为政府铸造,小者一般是私人铸造。大钱直径为三厘米,重为三克;小钱直径是两厘米,重量为两克。钱币正面刻有字体"五铢",制作工艺较高,形制比较工整。永平钱的铸造者既有政府也有私人,可见当时货币铸造的混乱。

(3)永安五铢。"永安五铢"也是年号钱,铸造于孝庄帝永安二年(529年),当时也称作"光背钱"。"永安五铢"对于北魏的经济发展没有起到积极作用,但是它作为一个时代的产物是具有收藏价值的。据史书记载,"永安五铢"钱共有三种:第一种是永安二年(529年)孝庄帝铸行的光背钱;第二种是永熙年间(532—534年)孝武帝铸行的背"土"字钱;第三种是北魏分裂后由东魏孝敬帝于兴和三年(541年)所铸行的背四出文钱。这三种永安五铢钱中,以北魏孝武帝铸行的背"土"字钱最具特色。该钱背部穿孔,上方铸有一个"土"字,"土"字与背穿孔相连,正好组成一个"吉"字,所以当时又称吉钱,人人佩戴,以为吉祥。其后的东魏和西魏,政府都很少铸钱,一直沿用北魏的"永安五铢"。

(4)常平五铢。北齐文宣帝高洋为了发展商品经济,于天保四年(553年)铸造了常平五铢。常平五铢用青铜做材料,钱币直径约为两厘米,重量将近四克。常平五铢采用了当时的铜母范叠铸技术,艺术感很强,非常精美,钱币上的字体遒劲有力,是中国货币史上精美的几种货币之一。在当时,人们认为"常平"二字有平安之意,所以大都乐意佩戴此钱。

(5)永通万国。永通万国铸造于北周武帝建德三年(574年)。就其字面意思理解,可见当时的统治者也希望这款钱币能够永久流通于天下。此钱色为青白,制作上轮廓清晰,书法遒劲有力,钱币的直径约为三厘米,重量在六克左右。当时的北周,还流通有布泉和五行大布。当时三币并行,大大刺激了钱币的流通,这也使得当时出现了北朝时期不可多见的钱币流通的繁荣局面。北周的三种钱币制作工艺虽然很高,但当时的老百姓却并不爱使用这三种钱币,因为它们只是徒有其名,实际上达不到交换的价值。

二、魏晋南北朝时期货币流通概况

魏晋南北朝货币流通同前代相比有很大的不同,具有以下三个特点。

(一)新币与旧币共用

所谓"旧币"是指前代或前一个政权留下来的钱币。在中国古代,大多数王朝都有自己的货币,一般都禁止使用前代货币。如汉代就专用自己发行的"五铢钱",所以,货币在流通过程中受到国家的严格管理和控制,从而保证了货币流通的正常进行。汉末以来,政局动荡,魏晋诸政权大多不发行货币,仍使用前代的旧币。南朝四政权,虽然发行货币较前增多,但在流通中仍有旧币出现。北魏建国之初,并没有自己的钱币,直到公元495年发行"太和五铢"之后,北魏才有了自己的钱币。但作为北方少数民族刚刚建立起来的政权,北魏的政治经济体系并不完善,又因当时的北方常年饱受战乱,新币流通起来十分的困难,在日常的经济往来中,旧币仍被大量使用。据史载,北魏发行"太和五铢"和"永安五铢"后,"京师及诸州镇或铸或否,或有止用古钱,不行新铸"①。从这段史料可以看出,在新旧币的使用上,北魏政府并没有做出强制的规定。这种状况在一定程度上造成了货币流通的困难,而且新旧币夹杂使用很容易造成国家经济生活的混乱。

继北魏之后,东西魏一直沿用北魏的"永安五铢",虽然曾经有过改制,但是其影响力微乎其微。北周统一北方后,虽然发行了自己的金属货币,但是原来北齐统治的山东地区仍然使用北齐钱币。史载"齐平已后,山东之人,犹杂用齐氏旧钱"②。

从这一时期各个政权的货币使用和流通来看,金属货币在国家经济生活当中的作用并没有引起当时封建统治者太大的重视。整体来看,北朝时期发行的新币种类繁杂,旧币在经济生活当中仍有一定的比重,新旧货币使用夹杂,货币流通处于混乱的状况。

(二)新铸币的流通范围非常小

秦汉时代,新铸币能够在全国范围内畅通无阻,而在魏晋南北朝,特别是北朝,货币流通却遇到了很大阻力,新铸币流通范围非常狭小。北魏初年,大臣元澄就上书说:"虽利于京邑之肆,而不入徐、扬之市。"③这里说的"京邑"指京都一带地区,这些地区属于王畿之地,中央政策贯彻非常快,新铸币使用率很高;而当时的徐、扬地区是刚从南朝手中抢来的,在经济区域上靠南,钱币也大多以南朝钱币为主,并没有通行北魏的钱币。随后的东西魏以及北齐、北周,由于政权分裂,根本无法为新铸币的流通创造一个"大一统"的环境,所以新铸货币无法在全国通用。

总而言之,魏晋南北朝时期,各朝代发行的金属货币没有在地域上完全流通,原因在于受当时的环境所影响:一方面南北对立或者东西分裂的政治

---

① 《魏书》卷110《食货志》。
② 《隋书》卷24《食货志》。
③ 《魏书》卷110《食货志》。

大格局,这种状况并不利于全国范围的新币推行;另一方面是政权更迭频繁,北朝除北魏统治时间稍长外,其余政权统治时间都比较短,最多不过二十年,这也不利于新币的流通。

(三)实物货币与金属货币共同流通

根据前文论述,在金属货币出现之前,实物货币占主导地位。当时实物货币的使用范围之大,已经涉及当时官员的俸禄和赏赐。据《魏书》卷110《食货志》记载,北魏太和八年,皇帝下诏,"户增帛三匹、粟二石九斗,以为官司之禄";又如北周武成元年六月庚子诏曰,"凡从先王向夏州,发夏州从来,见在及薨亡者,并量赐钱帛,称朕意焉"①。这两则史料可以反映出,北朝时期官员的俸禄赏赐都使用实物货币。

当然,随着商品经济的恢复发展,金属货币也应运而生。北魏孝文帝在"太和改制"时期铸造了"太和五铢",并颁布诏书命令全国通行新铸钱币。从此,金属货币回到了流通领域,两种货币并行的局面形成。其后尽管金属货币的种类几经更迭,金属货币的流通区域虽然也仅仅限于王畿之地,但是北朝的金属货币始终没有被遗弃,一直存在于流通领域。

总之,魏晋南北朝时期,实物货币与金属货币始终存在于国家的经济生活当中,一是因为自然经济占主导地位,实物货币使用较为安全;二是因为南北朝政权在逐渐封建化过程中,商品经济也在发展,需要金属货币作为交换工具。所以,魏晋南北朝很长一段时间存在实物货币与金属货币并行的局面。

三、魏晋南北朝时期货币流通中存在的问题

(一)货币铸造混乱

北朝自孝文帝太和十九年铸钱以来,一直存在着官铸和私铸现象。北魏政权建立以后,官方有过三次铸币,太和十九年(495年)孝文帝铸造"太和五铢",永平三年(510年)宣武帝铸造"永平五铢",永安二年(529年)孝庄帝铸造"永安五铢"。北齐天保四年(553年)文宣帝铸造"常平五铢"。北周货币有三种,北周武帝保定元年(561年)铸造"布泉",建德三年(574年)铸造"五行大布"和"永通万国"。北朝各个政权官方铸币十分的频繁,钱币种类繁多,给商品交换和人民日常生活造成一定混乱。

---

① 《北史》卷9《太祖文帝纪》。

值得一提的是，北朝私铸盛行。早在孝文帝铸造"太和五铢"的同时，就允许民间私铸，史载"民有欲铸，听就铸之"①。东魏民间私铸尤多，史书上记载王则"性贪婪，在州取受非法，旧京取像，毁以铸钱，于时世号河阳钱，皆出其家"②。北齐私铸之风不落于前朝，且私铸非常泛滥，"迁邺已后，百姓私铸，体制渐别，遂各以为名。……武平已后，私铸转甚，或以生铁和铜。至于齐亡，卒不能禁"③。北周甚至因为民间私铸不得不禁行新铸币。

北朝私铸泛滥，不仅严重影响国家正规钱币的使用与流通，而且私铸币的质量非常差。据《魏书》卷110《食货志》载，虽然政府规定"铜必精炼，无所和杂"，但实际上"民多私铸，稍就小薄，价用弥贱"。这就说明民间私铸的钱根本比不上政府正规钱，也无法具备对等的交换功能。这种钱币流入市场，势必对国家和人民造成危害。

(二)通货膨胀严重

魏晋南北朝300多年间，政权屡变，战争频仍，是中国政治、经济的混乱时期。此时期官币变更较多，私币铸造严重，导致国家通货膨胀、物价上涨。两晋统治时期，由于生产力不发达，皆不自铸而用旧钱，特别是东晋选用孙吴那些轻重大小不一的旧钱，很容易造成通货膨胀。两晋时期物价有时高得惊人。据《宋书》卷31《志五行二》记载："惠帝元康元年(291年)七月，关中饥，米斛万钱。"《晋书》卷5《孝愍帝纪》也记载："冬十月，京师饥甚，米斗金二两，人相食，死者太半。"

北魏在官方铸币的同时也允许民间私铸，私铸暴利丰厚，但大多私铸币无法达到要求，市面上流通的私铸币无法与商品价值对等，很容易引发通货膨胀。为了防止通货膨胀的发生，维持国家经济的平稳运行，永安二年政府又不得不改铸了永安五铢，并且提高了钱币的价值，希望能够遏制私铸币带来的不利影响。但是因为政府监管不力，私铸币反而更加泛滥，导致通货膨胀出现。

继北魏之后的各政权也沿用北魏铸造新币的方法，先后铸造了"常平五铢""永通万国"等币。统治者希望通过新铸币"过滤"旧币，保证市场流通的钱币能够作为等价物实现其交换功能。但由于这些政权频繁地改铸钱币，且官钱减重，币质大不如从前，最终还是导致物价高涨，引发通货膨胀。

---

① 《魏书》卷110《食货志》。
② 《北齐书》卷20《王则传》。
③ 《隋书》卷24《食货志》。

致力于中国物价史研究的谭文熙先生用一首诗形象地总结了这一时期的通货膨胀原因,"狗在梁时值廿万,魏钱轻薄迎风抓。溯源只为滥改制,以史为鉴治今朝"①。因为货币改铸频繁和政府监管不力带来的通货膨胀,给北朝商品经济的恢复发展带来了很大的困难,也给人民的生活造成了不利影响。

四、魏晋南北朝时期货币流通的意义

(一)金属货币的流通延续了中国金属货币命脉

三国以及十六国时期,由于政局动荡,国家很少发行金属货币。如曹丕建魏后,曾下令"罢五铢钱,使百姓以谷帛为市"②,所以这一时期的"货币流通陷入极度混乱状态"③。北魏建国初期也曾有过"钱货无所周流"④的记载。总之,自东汉末年直至南北朝,金属货币流通呈现的是断断续续的状态。然而,在"当两五铢""太货六铢""太和五铢""永平五铢""永安五铢"等出现之后,虽然金属货币在使用过程中遇到各种困难,但却始终没有退出流通领域,而且越来越多地贯穿于当时主要经济活动之中。如北朝前期,政府的租调一直征收的都是谷帛绢等实物,对此《魏书·食货志》中有记载:"户调帛二匹、絮二斤、丝一斤、粟二十石。"但是在金属货币出现之后,国家的财政税收开始以金属货币征收,史载"魏朝以河南数州,乡俗绢滥,退绢一匹,征钱三百"⑤。另外,北朝前期官员的俸禄赏赐大多为谷帛等实物。但是随着金属货币发行使用,金属货币逐渐也用来作为官员的俸禄和赏赐了。据《魏书》记载,太和十九年(495年),孝文帝下诏铸造"太和五铢",并在同一诏书里宣布"内外百官禄皆准绢给钱,绢匹为钱二百"⑥。除此,统治者还可用钱币来进行赏赐。北魏大臣游明根去世时,"世宗遣使吊祭,赗钱一十万……谥靖侯"⑦。

---

① 谭文熙:《滥改币制是魏晋南北朝物价高涨的根本原因》,《北京物价》1996年第1期,第59页。
② 《晋书》卷26《食货志》。
③ 薛平拴:《论魏晋南北朝时期的货币发行与流通》,《史学月刊》1994年第1期,第20页。
④ 《魏书》卷110《食货志》。
⑤ 《北史》卷55《房谟传》。
⑥ 《魏书》卷110《食货志》。
⑦ 《魏书》卷55《游明根传》

(二)金属货币的流通有利于商品经济发展

同谷帛这些实物货币相比,金属货币有着很多的优势。据《魏书·食货志》载,大臣王澄曾上奏"钱为之用,贯襁相属,不假斗斛之器,不劳秤尺之平",可见金属货币有携带便利、计价方便等优势。具体到商品经济来说,"有利于交换的实现,简化了交换过程,有利于商品流通空间的扩展,时间上的灵活掌握,从而扩大了商品流通"①。正是基于金属货币凸显的优势,北朝后期的商品交换中屡屡可见金属货币的影子,它已经渗透到人民生活的各个方面。史载,北齐厍狄伏连"其妻病,以百钱买药,每自恨之"②,又如周末隋初时独孤陁"尝从家中索酒,其妻曰:'无钱可酤'"③。总之,由于金属货币较实物货币更方便于商品交换和流通,从而也就大大刺激了商品经济的发展。

综述上文,魏晋南北朝时期的货币流通从开始到结束,始终处于艰难的发展环境之下,有着当时的历史局限性,也表现出来鲜明的时代特点。魏晋南北朝的货币承前启后,既延续了汉魏的货币发展史,又奠定了隋唐货币经济的基础,对当时的社会影响较大。

第三节 商业都市

(一)商市兴盛

魏晋南北朝虽几经丧乱,商市之盛,仍蔚为可观。据《隋书·食货志》载,"晋自过江,淮水北有大市百余,小市十余所",可见隋以前各朝集市贸易之盛况。《洛阳伽蓝记》卷4更是记载了北魏都城洛阳繁华的贸易市场,"出西阳门外四里,御道南有洛阳大市,周回八里","市东有通商、达货二里。里内之人,尽皆工巧,屠贩为生,资财巨万","市南有调音、乐律二里。里内之人,丝竹讴歌,天下妙伎出焉","市西有退酤、治觞二里。里内之人多酿酒为

---

① 沙莉:《商品流通与货币流通的关系》,《商业研究》2002 年第 4 期,第 14~15 页。
② 《北史》卷 53《慕容俨传附厍狄伏连传》。
③ 《北史》卷 61《独孤信传附独孤陁传》。

业","市北慈孝、奉终二里。里内之人以卖棺椁为生,赁车为事"。从史料反映的情况来看,当时洛阳大市周围布满了工商业店肆,且各行各业按类分段经营,大市里主要商品是本地的手工业品、食品和各地土特产。另外,在伊水、洛水旁的四通市,因这里四通八达,运输货物方便,是诸国商旅、使臣和归附者交易的场所,交易规模宏大,商品种类也很多。在洛水上的永桥市,附近有金陵馆和归正里,居住着南朝归附的人,号"吴人坊",这里是一大鱼鳖市场,出卖的"洛鲤伊鲂",比牛羊肉还贵。其他各市也有各自的专业经营市场。在市的周围各里,居住着在市里经商做工的工商业者。其中准财、金肆二里,住着很多因工商而富起来的人,故房屋豪华,服装锦绣,食山珍海味,拥奴婢美妾,深宅大院相接,楼阁亭台相望。可见这里商业的规模。

值得一提的是,在洛阳的慕化里和慕义里中,还住着一些特殊的商人。慕化里主要是日本来华定居的商人居住,慕义里是西方来中国定居的商人居住。居住在上述二里的一般都在中国有三年的经商经历,而且不打算回去。这些外商带来了名贵马匹、犀牛角、象牙、珍珠等商品,贩走中国的蚕丝、丝绸、漆器等手工业品,为中外贸易做出贡献。他们爱慕中国的生活与文化,最后定居在洛阳。

建康城中有四市,《太平御览》卷827引《丹阳记》曰:"京师四市,建康大市,孙权所立;建康东市,同时立;建康北市,永安(258—264年)中立;袜陵斗场市,隆安(397—401年)中发乐营人交易,因成市也。"另据同书卷197引《南朝宫苑记》说,在建康东篱门附近还有一个肇建市,是与建康四市类似的交易场所。在大市以外,又有规模稍次的小市,《世说新语·规箴》曰:"(晋)元皇帝时,廷尉张闿在小市居,私作都门,蚤开晚闭,群小患之。"宋元徽二年(474年)休范举兵反,"张敬儿等破贼于宣阳门、庄严寺、小市,进平东府城"①。"大市""小市"以外,秦淮河畔还有一系列专营某类商品的专业市集。众多的商业市集出现,使建康城的人口急剧增长,城市规模迅速扩大。《资治通鉴》卷162引《金陵记》曰:"梁都之时,户二十八万。西石头城,东至倪塘,南至石子岗,北过蒋山,南北各四十里。"按一户5口计,梁时建康城的人口超过140万。当时通向建康的水道上,桅樯林立,有船万艘以上。城中商贩极多,以贩卖商品为生。市中的摊位,超过了长安、洛阳。

(二)商业都会出现

魏晋南北朝时期,由于南北长期分裂,战争不断,商品经济陷于停滞状

---

① 《宋书》卷9《后废帝纪》。

态。此时,南北方商业都会均不多,其中较著名的北方有洛阳,南方有建康,其他如京口、丹阳、山阴、寿春、襄阳、荆州、郢州、成都、番禺州、凉州等也有一定规模。与南方商业发展相对立,北魏时的洛阳曾恢复过商业大都市的面貌,并有所发展。洛阳的盛衰是北方城市在魏晋南北朝时命运的典型写照。

洛阳,是东汉的都城,在东汉时已成为中原最大的商业中心,西晋末遭到了毁灭性的破坏,一百余年间几成废墟。北魏孝文帝迁都洛阳后,洛阳又重新发展起来,成为北方最发达的商业城市,其繁华程度大概在当时的中国是首屈一指的。据《洛阳伽蓝记》记载,北魏洛阳是一个长方形的大城,城内有许多大市。洛阳大市位于西陵门外四里御道南,其围墙八里长,市内布满工商业店肆。洛阳小市位于孝义里东。另外,洛水南有四通市,洛水上的永桥立有永桥市。洛阳城内通商、达货、调音、乐律、退酤、治觞、慈孝、奉终、准财、金肆等,所住大都是拥财巨万的富商大贾。除了洛阳商业首屈一指,在北方,还有邺、长安、上党等也是著名商业城市。

建康是孙吴以来的首都,历东晋、宋、齐、梁、陈等朝,不仅是南方的政治文化中心,也是最大的商业城市。早在孙吴时期,这里商业就很发达。左思《吴都赋》曾追述其繁荣景象:"开市朝而并纳,横闻(市垣)周(市门)而流溢,混品物而同廛,并都鄙而为一。仕女伫眙(立视),商货骈罗(相连),拧衣缔服,杂沓傲(走)萃。轻舆控骔以经隧(市中之道),楼船举舻(帆)而过肆。……金镱磊丽(众多),珠引卜(贯)阑干(纵横),桃笙(桃枝)象簟,韬于筒中,蕉葛升越(葛布、越布之细者),弱于罗纹。"西晋灭亡后,晋室南渡,定都建康。其后建康城的商业,比孙吴时的建业城更加繁荣。据《晋书·五行志》载,元兴三年(404年)二月庚寅夜,"涛水入石头。商旅方舟万计,漂败流断,骸骼相望"①。可以想见当时长江岸边四方商贡舟船云集的盛况。这里四方辐辏,人物荟萃,到南朝梁时,城中有二十八万户,约一百四十万人口,不仅是南方最大城市,而且也是世界上第一个确切人口数逾百万的大城市了。

京口即今镇江市,是建康的门户。魏晋以来,因其地理形势优越,政治、军事和经济地位日渐突出,遂形成京师以东著名商业都市。《南齐书》卷14《洲郡志上》曰:"南徐州,镇京口。吴置幽州牧,屯兵在焉。丹徒水道入通吴会,孙权初镇之。……望海临江,缘江为境,似河内郡,内镇优重。宋氏以

---

① 《晋书》卷27《五行志上》。

来,桑梓帝宅,江左流寓,多出膏腴。"《隋书》卷31《地理志下》亦称:"京口多通吴会,南接江湖,西连都邑……亦一都会也。"这里是官僚商人的聚居地,有数千官吏在此经商致富,且富达巨万,可见这里商业的繁荣状况。

丹阳,是六朝时又一个较大的商业城市,其商业活动可与京口比肩。这里物产丰富,人物兴盛,蚕桑业发达,一年蚕可四五熟。农民勤于纺绩,晚上浣纱而早上成布,叫作"鸡鸣市"。附近海产品、陆产品都很丰饶,因此商贾集中,商业发达。

山阴,在东晋时已是人口众多、商业发达的大郡,南朝时依旧繁荣。山阴是两浙的绢米交易中心,钱塘、浦阳两江的牛埭税(过堰税)一年就可收到四百余万之多。据《宋书·顾凯之传》载,"民户三万,海内剧邑"①。《初学记》卷24引王彪之《整市教》:"近检山阴市多不如法,或店肆错乱,或商作没漏,假冒豪疆之名,拥护贸易之利……"可以想见,这里的商业活动已相当繁荣。

寿春,是淮河流域重镇之一,位于淮、泗、汝、颍交错区域,是南北方交通的咽喉,淮河流域的重要粮食产地。南北对峙时,是南北互市的主要地点,北魏常在这里设立互市,以至南货、羽毛、齿、革之属无所不有。

襄阳,是汉水中游的重镇,南北间交往的要冲,也是"四方凑会"②的场所,附近土壤肥沃,物产丰富,其商品经济和传统市场与江陵相差无几,史书上常常将两地并称。

成都,是西南地区最大的商业都会。刘备据蜀时,成都已是"市廛所会,万商之渊;列隧百重,罗肆巨千;贿货山积,纤丽星繁;都人士女,袨服靓妆;贾贸滞鬻,舛错纵横"③。魏晋以来,这里未遭重大兵祸。李氏割据时,也实行保境安民、轻徭薄赋的政策,农业、手工业生产保持增长的势头,商业活动得以正常发展。所以,《南齐书·州郡志下》称此地是"方面疆镇,涂出万里……州土瑰富,西方之一都焉"④。南朝以来,这里商业活动的规模很大。宋元嘉间,刘道济为益州刺史,"远方商人多至蜀土资货,或有值数百万者"⑤。

---

① 《宋书》卷81《顾凯之传》。
② 《隋书》卷31《地理志》。
③ 《昭明文选》卷4《京都中》。
④ 《南齐书》卷15《州郡志下》。
⑤ 《宋书》卷45《刘粹传附刘道济传》。

番禺,即今天广州,是南海诸国商船与中国贸易的中心。早在秦汉时就已闻名,六朝以来更加繁荣。据《晋书》载,"广州包带山海,珍异所出,一箧之宝,可资数世"[①]。《南齐书》卷14《州郡志上》也载:"广州,镇南海。滨际海隅,委输交部……卷握之资,富兼十州。"这里集散的货物,以珍珠、琅𤩹、翡翠、犀角、杂香等珍奇奢侈品为大宗,为王公贵族豪门所热衷追求。此地远离中原,战乱很少。尤其是梁、陈间,与海外的经济交流日益密切,商业贸易久盛不衰。

---

① 《晋书》卷90《吴隐之传》。

第三章

教育文化

魏晋南北朝战乱频仍,政权更迭。在这个动荡的时代,儒学独尊的局面被打破,学术思想领域呈现出百家争鸣、互相吸收的景象。与此同时,教育也出现了新的格局,官学、私学、家学成为教育的三种主要形式,具有不容忽视的作用。

第一节 儿童教育

魏晋南北朝是我国历史上一个分裂动荡的时代,长期的封建割据和连绵不断的战争,使这一时期儒学衰微,玄学、佛教、道教日渐盛行。这些多元思想文化与儒学相互渗透,形成了继春秋战国以来又一个思想解放、个性张扬、兼容并蓄的时代。在这样的社会风气渲染下,教育活动也明显体现出多元的色彩,作为教育的起始阶段,儿童教育尤其受到人们的重视。魏晋南北朝的儿童教育,主要由家学承担,教育内容丰富多彩,教育方法合理有效,体现出多元的时代色彩,对于当时的社会发展产生了很大影响。

一、魏晋南北朝时期儿童教育观形成的背景

(一)社会动荡,官学衰微

汉末以来,战争频繁,政局动荡。这一时期,统治者因忙于稳定政权,无暇顾及教育,因此官学时兴时废,呈现出衰落趋势。

魏晋南北朝的官学承于两汉。曹魏建立后,魏文帝于黄初五年(224年)正式在洛阳恢复太学,置《春秋谷梁》博士。史载"太学始开,有弟子数百人"[①],但由于三国纷争,多数太学生入学是为了逃避兵役,因此学业水平较低,百人应试能通过的只有数十人。西晋代魏,晋武帝泰始八年(272年)有司奏:"太学生七千余人,才任四品,听留。"武帝诏:"已试经者留之,其余遣还郡国。"[②]史料说明晋初太学仍然存在。其后不久,武帝又于咸宁二年(276

---

① 《三国志·魏书》卷13《王朗传附王肃传》注引《魏略》。
② 《宋书》卷14《礼志一》。

年)"立国子学"①,并于咸宁四年(278年),"定置国子祭酒、博士各一人,助教十五人,以教生徒"②。此时官学有所恢复,但好景不长,八王之乱和永嘉之乱的战火打断了官学的继续发展。东晋偏安江左,政治腐败,内忧外患,官学更是兴废无常。南朝宋文帝、梁武帝时,官学教育较为兴盛,除此之外其他时期并无多少成效可言。北朝的统治者多为鲜卑少数民族,汉化程度不同,教育的发展水平也不尽相同,总的说来官学办得较好的仅数北魏,但也有一段时间,"虽有官学之名,而无教导之实"。中央官学尚且如此,地方官学更是无从谈起。

总之,魏晋南北朝长期分裂战乱,使得官学教育兴废无常且办学效率低下,难以担负起传承文化的重任,从而给私学的发展和兴盛创造了有利条件。而作为私学特殊形式的家学也因此盛极一时,承载着儿童教育的重任。

(二)玄学日盛,思想多元

西汉中期以后,儒学被定于一尊,上升为统治思想的支柱。与此相辅相成的是对儒家经典进行种种烦琐解释的"经学"。随着东汉王朝的崩溃,天人感应学说和谶纬神学的弊端在统治腐败与罪恶面前暴露无遗,儒学渐渐被士人们所鄙视。在此情形下,玄学应运而生。作为一种思潮,玄学有更为开放的系统,宗旨是贵无,最高主题是对个体人生意义价值的思考,它对魏晋南北朝时期文化的发展影响至深。另外,西汉末年,佛教传入中国,由于得到统治者的支持,很快在各地传播开来。佛教以其庞大缜密的理论体系及注重心性探讨的思想特色,以一种积极的态度去依附、迎合儒学和玄学,在不断改变自身面貌的同时,使自己逐渐纳入中国宏大的文化体系之中。道教是中国的本土宗教,产生于东汉,发展于魏晋,至南北朝时期经过葛洪、寇谦之、陶弘景等人的改造与发展,并通过对儒、佛等理论的进一步吸收,逐渐成为一种成熟的宗教形态。

总之,魏晋南北朝时期儒家思想与玄、道、佛思想相互交融,对于当时的社会、政治、思想、教育都产生了重大影响,进而使得当时的人们有一种开放的心态。思想的解放,为儿童教育的发展创造了宽松的社会氛围,同时玄学、佛教、道教的兴起,增加了教育的内容,为儿童教育的发展提供了条件。

(三)门第观念强化

魏晋南北朝时期,门阀士族居于统治地位。门阀士族发端于汉魏,形成

---

① 《晋书》卷3《武帝纪》。
② 《晋书》卷24《职官志》。

于西晋,在东晋达到鼎盛局面。终东晋一朝,皇权衰微,门阀士族总揽大权。这些高门阀阅对于改朝换代、国家民族漠不关心,在乎的只是家族利益,争夺的是个人权势。因此,为维护家族利益及个人权势,他们竭力向子孙灌输门第观念,并注意通过文化教育树立门风,以维护其不衰之门第。这些必然导致魏晋南北朝家学兴盛,儿童教育受到普遍重视。

(四)早教之风盛行

魏晋南北朝时期早教之风盛行。南朝梁建业人颜之推认为儿童教育应当从婴幼儿开始,先入为主。他在《颜氏家训·教子篇》中说:"当及婴稚,识人颜色,知人喜怒,便加教诲,使为则为,使止则止。"颜之推认为,在一个人的婴幼儿时期,对其进行系统且严格的教育,可以在其幼小时即树立起正确的人生观,良好的学习生活习惯,正确的封建道德观念,同时也为他们今后的学习打下了深厚的知识基础。这种观点当时很受士大夫阶层认可,许多家庭都十分重视对子女的早期教育。如刘宋刘璩五岁听舅父为他读《管宁传》;南齐范云六岁就跟着其姑夫袁叔明读《毛诗》;梁朝陆云公五岁诵《论语》《毛诗》,九岁读《汉书》,并略能记忆;陈朝谢贞七岁能背诵《论语》《孝经》,八岁作诗已为舅父称奇,十三岁就略通《五经》大旨。这些人之所以少年早慧,显然与当时家族中的早期教育有着密切的关系。

总之,魏晋南北朝时期是我国历史上的分裂动荡时期,却也是我国古代人性和思想解放时期,多元的文化为兼容并蓄的儿童教育内容提供了存在的基础,使得其既与东汉时期世家大族的家教家风有一定的继承关系,又有自己的特点。

二、魏晋南北朝时期儿童教育的内容

魏晋南北朝时期,由于社会动荡,官学时兴时废,这一时期儿童教育主要由家学承担。随着儒家独尊的局面被打破,家学教育的内容由单一向多元发展,儒学、玄学、文学、史学、艺术、科技、军事等诸多领域的知识皆为家学所传授,体现出了兼容并蓄的时代特色。

(一)儒学方面

在汉代,儒学的地位非常高,后来古今文经的争论使得儒学的发展日益烦琐化、谶纬化,以致学习的士子不少变成了"空手章句,但诵师言,施之世务,殆无一可"①的庸儒。但是,由于儒家的忠孝仁义思想是维护封建统治的有效手段,儒学中渗透的孝道观念也为普通士人所推崇,因此到魏晋南北朝时,儒学依然得到了统治者的提倡,而且是从儿童抓起。魏晋以来的不少门阀士族,是由东汉时期的经学世家发展演变而来,如弘农杨氏、东海王氏等,儒学是其立家之本和获得优越的社会地位的依凭,故在对子弟的教育中,以儒学为先,也是必然的选择。

两晋南朝时期,儒学作为传统文化的支柱,是当时社会思想文化的一个重要组成部分。儒学所提倡的忠孝仁义思想也是统治者驾驭天下、维护统治的重要思想武器。如晋南渡建立江左政权后,晋元帝兴立太学,后又让太子在太学讲经。南朝梁武帝时,"开五馆,建国学,总以《五经》教授,经各置助教云"②,可以看出,统治者需要儒家思想来巩固统治,对儒学都十分重视。另外,一些门阀和封建士大夫也将儒学作为提高自身地位、扬名立万的台阶。儒学的孝道观念也受到了普通士人的推崇,因此,对于两晋南朝时期的儿童教育,儒学仍然是一项重要的内容,史书中关于进行儒学教育的内容记载不绝如缕。

儒学作为文化主流,各家族对于儿童的儒学教育十分普遍。会稽贺氏,"汉世传礼",并继续传至后代,到晋时贺循,尤其精通礼传,任晋司空,主持订立宗庙制度,为一时之儒宗。贺循之后道力"善《三礼》,有盛名,仕宋为尚书三公郎,建康令"。南朝时,道力之孙贺瑒,"于《礼》尤精,馆中生徒常数百,弟子明经对策至数十人"。梁武帝天监四年,"初开五馆,以瑒兼五经博士,别诏为皇太子定礼,撰五经义。瑒悉礼旧事,时高祖方创定礼乐,瑒所建议,多见施行"③。另据《南史》卷22《王俭传》载,齐时国子祭酒王俭"弱年便留意《三礼》,尤重《春秋》,发言吐论,造次必于儒"。由此可见,当时士家大族对儿童儒学教育的重视。

这一时期,儿童在经过以识字为主的启蒙教育之后,主要学习《论语》《孝经》《尚书》《诗经》《春秋》等儒家经典。《南史》卷60《徐勉传》载其在《诫子崧书》中说"遗子黄金满籝,不如一经",可见《五经》《三礼》是少儿教育的必备内容。因为从小习诵儒经,很多儿童较早就具有一定的儒学素养。据《世说新语·德行》载:"王子敬数岁时,尝看诸门生樗蒲,见有胜负,因曰:

---

① 《颜氏家训·勉学篇》。
② 《陈书》卷33《儒林传》。
③ 《梁书》卷48《贺瑒传》。

'南风不竞。'""南风不竞"是《春秋》中的典故,楚将伐郑,师旷奏《南风》,音凄声哀,预示楚将打败仗。王子敬引经据典,正基于深厚的儒学根底。

儿童的儒学素养不仅表现在言语上,在行为上也有所体现。《世说新语·德行》又载:"范宣年八岁,后园挑菜,误伤指,大啼。人问:'痛邪?'答曰:'非为痛,身体发肤,不敢毁伤,是以啼耳。'"《孝经》云:"身体发肤受之父母,不敢毁伤,孝之始也。"范宣伤到手指而哭泣,不是因为伤口的疼痛,而是因为觉得毁伤了受之父母的发肤是不孝之举,故哭泣。可见孝的思想在一个八岁儿童的心底留下了深刻的烙印,让他从潜意识里去遵循孝的原则。

(二)玄学方面

魏晋南北朝时期,玄学兴盛,士族崇尚清谈,仰慕玄风。《魏书·王昶传》有言道:"遵儒者之教,履道家之言。"①梁人王褒在其所著《幼训》中说:"吾始乎幼学,及于知命,既崇周、孔之教,兼循老、释之谈,江左以来,斯业不坠,汝能修之,吾之志也。"由于谈玄成为一种社会风尚,此时的儿童从小就深受长辈的影响,大多数都善谈玄理。东晋谢朗很小就已经善于谈玄了,据《晋书·谢朗传》记载,"总角时,病新起,体甚羸,未堪劳,便于叔父安前与沙门支遁讲论"②。支遁是当时的玄谈高手,谢朗小时候病刚好,身体还未恢复,就急着到叔父谢安跟前与他清谈,可见他的玄学修养不低。又据《世说新语·文学》载:"诸葛宏年少不肯学问。始与王夷甫谈,便已超诣。王叹曰:'卿天才卓出,若复小加研寻,一无所愧。'宏后看《庄》《老》,更与王语,便足以抗衡。"文中提到的王夷甫也是当时的玄谈名士,年少的诸葛宏受到了他的鼓励,更加倾心于学习《庄子》《老子》等书,可见当时社会上一些人是鼓励儿童学习老庄的。

(三)文史方面

魏晋南朝时期,文学教育备受人们重视。习文成了一种风气,使得这一时期文学达到了一个新的高峰。由于各世家大族都很重视儿童的文学教育,所以这一时期出现了许多文学大家。如陈郡谢氏,自两晋至南朝,文学俊才辈出。谢安少时风神秀彻,后寓居会稽,与王羲之、许询、支遁渔弋山水,言咏属文。其子谢琰亦文采出众,谢琰之子谢混"少有美誉,善属文"③。后谢混率领同宗子弟谢灵运、谢瞻、谢晦、谢弘辉等人,在建康乌衣巷清谈玄

---

① 《三国志》卷27《魏书·王昶传》。
② 《晋书》卷79《谢安传附谢朗传》。
③ 《晋书》卷79《谢安传附谢混传》。

理、品评人物、吟咏山水、抒发胸臆,故谓之乌衣之游。又如琅琊王氏,一门之中有彪之、胡之、羲之、献之、玄之、凝之、涣之、肃之、蕴之、丰之等十二人善文章,故王筠曾颇以家学自傲,尝"与诸儿书论家世集"云:"史传称安平崔氏及汝南应氏,并累世有文才,所以范蔚宗云崔氏'世擅雕龙'。然不过父子两三世耳,非有七叶之中,名德重光,爵位相继,人人有集,如吾门世者也。"① 另外,陈郡袁氏也是当时的文学世家。袁瓌,魏郎中令袁涣之曾孙,曾任晋成帝时国子祭酒,后又加散骑常侍。永嘉动乱发生后,朝廷正处于礼崩乐坏时期,袁瓌上疏修国学,成帝从之。其子袁乔,"博学有文采,注论语及诗,并诸文笔皆行于世"②。乔之孙山松,"少有才名,博学有文章,著《后汉书》百篇"③。由于"近世取人,多由文史"④,当时许多青少年刻苦学习文史。史载,范云"尝就亲人袁照学,昼夜不息。照抚其背曰:'卿精神秀朗而勤于学,卿相才也。'少机警,有识具,善属文,便尺牍,下笔辄成,未尝定藁,时人每疑其宿构"⑤。又如《梁书·陆云公传》载,"五岁诵《论语》、《毛诗》,九岁读《汉书》,略能记忆。从祖倕、沛国刘显质问十事,云公对无所失,显叹异之"⑥。韦载"少聪慧,笃志好学。年十二,随叔父棱见沛国刘显,显问《汉书》十事,载随问应答,曾无疑滞。及长,博涉文史,沉敏有器局"⑦。

(四)艺术方面

魏晋南北朝时期,书法、音乐均为家学所重视,由此该时期产生了众多以艺名家的著名家族,取得了举世瞩目的成就。

辅佐司马睿建立东晋的琅琊王氏是书法世家,在书法方面有很深的造诣。《晋书》卷65《王导传及附传》中记载,王导临摹钟繇手迹,练就一手行草,在其影响下其子侄也多善书者,如王恬、王洽、王劭、王荟等皆写得一手好字。而素有"书圣"之称的王羲之是王导的从子,其书法自成一体,世人称之"王体",为历代书家尊崇。王羲之有子七人,其中知名者五人,王玄之、王凝之、王徽之、王操之、王献之都在书法方面有所成就,而又以王献之最为突

---

① 《梁书》卷33《王筠传》。
② 《晋书》卷83《袁乔传》。
③ 《晋书》卷83《袁山松》。
④ 《梁书》卷14《江淹传》。
⑤ 《梁书》卷13《范云传》。
⑥ 《梁书》卷50《陆云公传》。
⑦ 《陈书》卷18《韦载传》。

出。据《晋书·王献之传》载:"(王献之)工草隶,善丹青。七八岁时学书,羲之密从后掣其笔不得,叹曰:'此儿后当复有大名。'尝书壁为方丈大字,羲之甚以为能,观者数百人。"①

另外,这一时期不少家庭也都重视音乐教育。如《晋书》记载陈郡谢氏擅长音乐,谢尚、谢安、谢孺子、谢庄在舞蹈、弹琴、作曲等方面都各有所长。梁时柳世隆善于弹琴,其子柳恽、柳恽也各有建树。史载:"初,恽父世隆弹琴,为士流第一,恽每奏其父曲,常感思。复变体备写古曲。"②可见,柳恽的琴艺与其父传教是分不开的。

(五)科技方面

魏晋南北朝时期,许多家族以天文、数学、医学等知识启蒙儿童。南朝著名的数学家、天文学家祖冲之的家族就有深厚的科技家学渊源。其祖父祖昌是刘宋王朝主管建筑工程的大匠卿,负责主持建筑工程,对一些科学技术知识比较了解,这使得祖冲之从小就对自然科学和文学、哲学产生了广泛的兴趣,特别是对天文、数学和机械制造有强烈的爱好和深入的钻研。史载,祖冲之本人博学多才,他"专攻数术,搜拣古今",善于制造机械,造过千里船,改造过指南车,"又特善算"③,著有数学专著《九章注》,编制了精确的《大明历》。祖冲之的儿子祖暅之也是中国古代著名数学家。祖暅之"少传家业,究极精微,亦有巧思。入神之妙,般、倕无以过也。当其诣微之时,雷霆不能入。尝行遇仆射徐勉,以头触之,勉呼乃悟"。暅之子祖皓"少传家业,善算历"④。祖氏三代从事科学研究,充分体现了我国家学教育的高度发展水平。

医学方面,《南史》和《北史》中均记载有医学世家。阳平李亮出身医学世家,"针灸授,罔不有效"。其子李元孙"遵父业而不及",元孙之弟李修则"针药多效"⑤。北齐徐之才的父亲以医术闻名于南方。徐之才得父真传,流徙到北方后因医术十分高超而有名于世。史载,"之才大善医术,兼有机辩。……武明皇太后不豫,之才疗之,应手便愈"⑥。徐氏一门在南、北方都

---

① 《晋书》卷80《王羲之传附王献之传》。
② 《南史》卷38《柳恽传》。
③ 《南史》卷72《祖冲之传》。
④ 《南史》卷72《祖冲之卷附祖暅之传》。
⑤ 《北史》卷90《李修传》。
⑥ 《北史》卷90《徐之才传》。

因医术享有盛名。

(六)军事方面

魏晋南北朝是兵燹肆虐的时期,不少关注时政的家族都非常注意对子弟进行军事知识与武艺的传授。宋齐之际垣氏为武将世家,史载桓崇祖"年十四,有干略"①,后成为南齐名将。从兄垣荣祖"少学骑马及射,或谓之曰:'武事可畏,何不学书?'荣祖曰:'昔曹操、曹丕上马横槊,下马谈论,此于天下可不负饮食矣。君辈无自全之伎,何异犬羊乎!'"②梁名将陈庆之子陈昕"七岁能骑射。十二随父入洛,于路遇疾,还京师。诣鸿胪卿朱异,异访北间形势,昕聚土画地,指麾分别,异甚奇之"③。陈将周文育小时喜爱骑射,其子周宝安"年十余岁,便习骑射"④,后成为一代名将。

由此我们可以看出,魏晋南北朝时期的儿童教育内容丰富多彩,几乎涉及当时人们已知的诸门学问,改变了以往儒学一统天下的格局,在儒学传家的同时又沾染玄风,并重视家传艺术的实用性,为这一时期学术和思想的百花齐放奠定了基础。

三、魏晋南北朝时期儿童教育的方法

合理有效的教育方法在儿童教育中是十分重要的。由于魏晋南北朝时期的儿童教育以家学为主,又关系到世家大族的存亡和发展,考察其教育方法,也就具有了与前朝不同的特色,主要表现在以下几个方面。

(一)以身立教,言传戒子

颜之推在《颜氏家训·治家第五》中就明确提出身教重于言教的观点,他说:"夫风化者,自上而行于下者也,自先而施于后者也。"也就是所谓的"上行下效"在家庭教育中也一样适用。《世说新语·德行》云:"谢公夫人教儿,问太傅:'那得初不见君教儿?'答曰:'我常自教儿。'"这里的"自教儿"不言而喻,即用自己身体力行影响子孙后代。又如宋宰相王弘,"明敏有思致,既以民望所宗,造次必存礼法,凡动止施为,及书翰仪体,后人皆依仿之,谓为王太保家法。虽历任藩辅,不营财利,薨亡之后,家无余业"⑤。《梁

---

① 《南史》卷25《垣崇祖传》。
② 《南史》卷25《垣荣祖传》。
③ 《梁书》卷32《陈庆之传》。
④ 《陈书》卷8《周文育传》。
⑤ 《宋书》卷42《王弘传》。

书·王志传》载,王志以敦厚实在闻名于世,这种品格的形成与其父王僧虔是分不开的,"门风多宽恕,志尤惇厚。所历职,不以罪咎劾人"①。总之,父母长辈的言传身教对当时少儿的成长有着十分深刻的影响。

这一时期的士族豪门为自保其家势以及让子弟能成为品性高尚之人,往往通过告诫的方式来教育后代。谢安尝问其子侄:"子弟亦何豫人事,而正欲使其佳?"谢玄回答:"譬如芝兰玉树,欲使其生于庭阶耳。"②谢安问子侄,为什么长辈期望子弟变得优秀,谢玄很了解叔父的意思,立刻回答:长辈想把我们培育成芝兰玉树,让我们能卓尔不群。通过一问一答的方式,谢安使子侄们不知不觉接受了他的忠告。此外,这一时期的诫子书很多,如诸葛亮《诫子书》教育子孙要"静以修身,俭以养德",告诉他们"非淡泊无以明志,非宁静无以致远",在学习上要"夫学须静也,才须学也,非学无以广才,非志无以成学"。诸葛亮希望子侄能做到学、才、志三者统一。另外,羊祜在《诫子书》中也教育子孙要"恭为德首,慎为行基,言则忠信,行则笃敬,无口许人以财,无听毁誉之语",并认为子孙"若言行无信,身受大谤,自人刑论",会"耻之祖考",并要求子孙讽诵此《诫子书》,作为行为准则。除此,魏国曹氏、晋司马氏以及嵇康等名士,皆有《诫子书》流传于世。

(二)因材施教,情景教学

注重因材施教,最典型的例子莫过于宋时谢氏家族的"乌衣之游"。《南史·谢弘微传》记载:"混风格高峻,少所交纳,唯与族子灵运、瞻、晦、曜、弘微以文义赏会,常共宴处,居在乌衣巷,故谓之乌衣之游。混诗所言'昔为乌衣游,戚戚皆亲姓'者也。"在游赏中评论众人文学造诣的优点与不足,以及每人各应努力的方向,寓教于乐,十分值得提倡。谢氏代代有才人出,应该说与此有很大的关系。

魏晋南北朝时期,长辈对儿童的教育方法除因材施教外,还注重情景教学。有关这方面的例子很多,主要表现在以下几方面:

(1)让儿童在游玩中寻找灵感。游玩有益于儿童主动地思考问题。据《世说新语·雅量》载,"王戎七岁,尝与诸小儿游。看道边李树多子折枝,诸儿竞走取之,王戎不动。人问之,答曰'树在道边而多子,此必苦李',取之信然"。可见,儿童在游玩过程中不知不觉地提高了思维能力。

(2)在游戏中增进智慧。游戏不仅有益于儿童放松身心,也能启发智

---

① 《梁书》卷21《王志传》。
② 《晋书》卷79《谢玄传》。

慧。在魏晋时期,游戏得到儿童的喜欢和家长业师的支持。当时孩子玩的游戏种类很多,有琢钉戏,还有骑竹马和斗鹅等游戏。其中骑竹马是儿童效法成人骑马而创造出来的游戏。最简单的方法是,将一短竹竿放在胯下,一手握竿的前端,使其后稍拖地,另一只手作扬鞭状,向前奔跑模仿马驰骋。《晋书》记载,殷浩北伐失败,桓温一向妒忌他,便乘机上疏废其为庶人,还对别人说:"少时吾与浩共骑竹马,我弃去,浩辄取之,故当出我下也。"①纵观各种各样的游戏,儿童在其中获得了快乐,在快乐中也增进了智慧。

(3)在待客访友中塑造社会人格。如果说游玩和游戏让孩子在大自然中享受快乐、启发智慧的话,那么让儿童陪同招待客人以及独自访友更加关注于孩子社会人格的塑造。此时的儿童在家庭中的地位甚高,他们可以替父亲接客、送客,甚至旁听客人谈话。据《世说新语·言语引》载,"梁国杨氏子,九岁,甚聪慧。孔君平诣其父,父不在,乃呼儿出,为设果,果有杨梅。孔指以示儿曰:'此是君家果。'儿应声答曰:'未闻孔雀是夫子家禽。'"。史料通过代父接客这件事,描写了杨氏之子的聪明。又据《晋书·谢尚传》载:"谢尚,豫章太守鲲之子也。……八岁,神悟夙成。鲲尝携之送客,或曰:'此儿一坐之颜回也。'尚应声答曰:'坐无尼父,焉别颜回!'席宾莫不叹异。"②此后,谢尚更加发愤读书,成为一代栋梁。当时儿童不仅可以在家接待客人,还可以随父或者单独出门拜访名士,增长社会阅历。孔融年十岁时,跟随父亲到京师,当时河南尹李膺的名气很大,孔融"欲观其为人,遂造之"③。王羲之的儿子王献之与兄长徽之、操之也一起拜访过名士谢安。这种拜访名士的风气使儿童增长了见识,有助于培养儿童独立的个性。

(三)激励灵魂,培养自尊

儿童的成长总是离不开周围人的激励。鉴于儿童的性格不同,因地制宜地采用各种激励方式能帮助儿童健康成长。如左思少时学钟、胡书及鼓琴,没有什么成绩,他的父亲雍对友人说:"思所晓解,不及我少时。"④听到父亲故意贬低自己,左思心里很不是滋味,于是马上开始认真学习,最后终于学有所成。又如赵至与母亲一同观看一个新官上任,其母对他说:"你的祖先本来不是微贱之辈,后来因世乱流离,所以才沦为普通百姓。你以后能像

---

① 《晋书》卷77《殷浩传》。
② 《晋书》卷79《谢尚传》。
③ 《三国志》卷12《魏书·孔融传》。
④ 《晋书》卷92《左思传》。

(三)门阀大族的传统观念促成早婚形成

魏晋南北朝时期的宗族势力强大,重宗族、轻个人、重孝悌等观念极为盛行。在封建宗法制度下,人们把人丁兴旺看作一个宗法家庭繁荣昌盛的标志,这一点不论皇亲国戚还是平民百姓都有同样的心理。上层社会中盛行着一种世代累居、子孙满堂的家庭宗法观念。

东晋著名大书法家王羲之在写给谢万的信中说道:"顷东游还,修植桑果,今盛敷荣。率诸子,抱弱孙,游观其间,有一味之甘,割而分之,以娱目前。"①充分反映了人们羡慕并陶醉于拥子抱孙的心态。北魏人杨椿,"兄弟皆有孙,唯椿有曾孙,年十五、六矣,椿常欲为之早娶,望见玄孙。自昱以下,率多学尚,时人莫不钦羡焉。一家之内,男女百口,……魏世以来,唯有卢渊兄弟及播昆季,当世莫逮焉"②。杨椿四代累居之家正是人们所追求的数世同居的大家族。在当时,这样的家族被认为是一种理想的家庭结构。

大家族的建立,自然要依靠早婚,早婚是大家族得以建立的一个重要手段,这从杨椿的例子中可以看出来。人们向往大家族的家庭结构,就必须依靠自己和自己的下一代,甚至是第三代,通过降低婚龄、早婚早育来实现这个理想。中国古代人的寿命比较短,但数世同堂的百口之家也是存在的,这主要是通过早婚来实现。上层社会通过早婚早育来实现数世同堂的百口之家,这对整个社会也有着引导作用,人们看到通过这种方法可以使自己的家族人丁兴旺并不断壮大,也会来效仿,使自己的家族壮大起来。这些也就促成了早婚风俗的形成。

三、早婚对魏晋南北朝社会的影响

婚姻是人生中一件重大的事情,而婚龄是婚姻关系中一个重要的内容,婚龄的提前是社会各方面作用的结果,同时早婚对魏晋南北朝的社会也产生了举足轻重的影响。

(一)积极影响

1. 早婚加快了人口的增长

早婚者通常也会早育。以北魏为例,魏道武帝十五岁生昭帝,景穆太子晃十五岁生文成帝,文成帝十五岁生献文帝,献文帝十三岁生孝文帝。③ 生

---

① 《晋书》卷80《王羲之传》。
② 《魏书》卷58《杨播传》。
③ 冯素梅:《魏晋南北朝时期的早婚现象》,《晋阳学刊》2000年第6期,第52页。

育周期的缩短,自然就加快了人口的增长,这就弥补了在战争中损失的人口,改善了这一时期人口稀少、劳动力不足状况,为隋初社会经济的发展奠定了基础。曹魏景元四年(263年),三国加起来共有人户146.6423万,西晋太康年间(280年)灭吴后,全国有户245.9840万,超过景元四年近一倍,南北朝至隋初,已有户890.7564万,是三国景元时户数的六倍多。① 隋文帝开皇十七年(397年),"户口滋盛,中外仓库,无不盈积。所有赉给,不逾经费,京司帑屋既充,积于廊庑之下"②。隋初国家户口增多,府库丰盈,在一定程度上有赖于魏晋南北朝时期的早婚早育。

2. 早婚使一些家族出现了数代累居的现象

由于早婚的实行,整个魏晋南北朝时期出现了很多数代同居的家族。如东晋的王羲之、谢安,都是当时显赫一时的大家族。在南朝,"宋元嘉初,西阳董阳五世同财,为乡邑所美"③。在北朝,"李几,博陵安平人也。七世共居同财。家有二十二房,一百九十八口,长幼济济风礼著闻"④。李几,七世共居同财,家族繁盛,闻名于乡里。另外,"王闾,北海密人也。数世同居,有百口。又太山刘业兴,四世同居,鲁郡盖俊,六世同居,并共财产,家门雍睦。乡里敬异。有司申奏,皆标门闾"⑤。这些都是数代累居的大家族,由于人口众多,大家族内部结构和人际关系日益复杂,于是治家、管家的经验逐渐成为一种专门的学问而受到人们的重视,著名的《颜氏家训》就出现在此时。

(二)消极影响

1. 早婚使婴儿死亡率增高

婚姻嫁娶是人生大事,自古以来就受到人们的重视,但要在十三四岁时就要承担为人妻、为人夫,甚至为人父母的责任,就太早了一些。这个年龄的男女无论在生理还是在心理上都还没有成熟到能够承担这些责任的地步。西汉宣帝时王吉就曾上书深讥其非:"夫妇,人伦大纲,夭寿之萌也。世俗嫁娶太早,未知为人父母之道而有子,是以教化不明而民多夭。"⑥实行早婚既不利于教化人民又不利于自身健康。可见早婚给个人和社会都带来严

---

① 梁满仓:《论魏晋南北朝的早婚》,《历史教学问题》1990年第2期,第13页。
② 《隋书》卷24《食货志》。
③ 《宋书》卷91《许昭先传》。
④ 《北史》卷85《李几传》。
⑤ 《北史》卷85《王闾传》。
⑥ 《汉书》卷72《王吉传》。

重的危害。

另外,现代科学研究已证明,未到成熟的生育年龄而生孩子,特别容易损害妇女的健康,使身体虚弱从而导致死亡。早在西汉时就有"妇人免乳大故,十死一生"①的说法。而父母年龄偏低,再加上古代卫生医疗条件落后,致使早婚所生婴儿的死亡率也非常高。即使孕妇或婴儿存活下来,也会对孕妇身体造成伤害,婴儿的身体素质也不会多好。他们会因为抵抗疾病的能力降低而造成早夭,前面所述这一时期的人均寿命降低,也有这一方面的原因。另外,身体素质降低也不利于后代的繁衍。

2. 早婚加速了人口绝对过剩,引发社会问题

早婚加速了人口的增长,在生产力不发达的情况下,人口过剩会超出小农经济的承受能力,从而造成人为的灾难和社会动乱。由于魏晋南北朝时期政权割据,各割据政权、割据势力为了增加自己领地人口数量,通过实行早婚和人口迁徙等办法,力求增加他们可控制地区的劳动力。这样就导致某一地区人口超乎寻常的密集,出现劳动力有余而耕地不足的现象。如前燕在进驻中原前对人口的掠夺虽不如汉赵,但在其统治的腹心地区已是"人殷地狭,故无田者十有四焉"②。多出来的劳动力因没有土地的养育,从而衍生出许多社会问题,导致农民起义不断。

总之,魏晋南北朝盛行早婚,是这一特殊时期政治经济文化共同作用的结果,而早婚对魏晋南北朝时期的个人和社会也有着重大影响。不仅如此,这一时期形成的早婚风俗也影响着后世婚姻观念。

第二节 门第婚

婚姻是人类生产、生活的基本组织单位,也是维系人类社会关系的纽带。就人类的婚姻而言,任何一种婚姻形态都不是偶然产生的,也不是脱离社会而孤立存在的。魏晋南北朝门阀士族居于统治地位,整个社会的主流

---

① 《汉书》卷97《孝宣许皇后传》。
② 《晋书》卷109《慕容皝传》。

婚姻形态是门第婚。探讨该时期士族的门第婚姻,有助于对魏晋南北朝历史的整体把握和深入理解。

一、魏晋南北朝时期门第婚盛行

门第婚又称身份内婚,是魏晋南北朝时在世家大族中盛行的婚姻习俗。魏晋时期,世家大族兴起。士族们在政治上"平流进取,累世公卿";经济上富可敌国;社会上标榜门户;文化上崇尚清谈。为了世代垄断此种地位,保持贵族血统的纯粹,门阀氏族在婚姻问题上十分讲究门当户对,在姻家的选择上均以地位与自己相当的大族为对象,拒绝与寒门通婚。

(一)士庶界限严明

魏晋南北朝时期,士族对"门第婚"的要求非常严格。据《魏书·崔辩传》载,崔辩孙巨伦,"有姊,明惠有才行,因患眇一目。内外亲类莫有求者,其家议欲下嫁之。巨伦姑赵国李叔胤之妻,闻而悲感曰:'吾兄盛德,不幸早逝,岂令此女屈事卑族。'乃为子翼纳之,时人叹其义"①。巨伦姑以姑表婚维护士庶不婚之制,结果受到时人赞叹。当时倘使士族而与寒门通婚,那便是有辱家门,甚至遭到弹劾。史载,西晋右仆射王雅的曾孙王源"虽人品庸陋,胄实参华",属于士族。王源将女儿嫁给庶族吴郡富阳人满氏,满氏"下钱五万,以为聘礼"。沈约认为王源唯利是图,有辱士流,弹劾他们联姻是"高门降衡,虽自己作,蔑祖辱亲,于事为甚。此风弗剪,其源遂开,点世尘家,将被比屋,宜置以明科,黜之流伍,使已污之族,愧于昔辰;方媾之党,革心于来日。臣等参议,请以见事免源所居官,禁锢终身"②。这两件事,发生在南朝和北朝,说明当时南北方的大族,对士庶之间的界限划分得非常严明。

(二)婚姻范围狭小

对于魏晋南北朝时期士族的门第婚,史学界有充分的研究,现就南北方一些主要大族的择婚对象简要列举。东晋南朝著名的大族主要有琅邪(治今山东临沂北)王氏、太原(治今山西太原西南)王氏、陈郡谢氏、颍川(治今河南许昌东)庾氏、谯国(治今河南亳县)桓氏、陈郡(治今河南淮阳)殷氏、陈郡袁氏等几个家族。这些大族间互相联姻,构成了一个基本联姻圈子。如琅邪王凝之娶陈郡谢奕女;琅邪王珣娶陈郡谢万女,其弟王珉娶谢安女;

---

① 《魏书》卷56《崔辩传附崔巨伦传》。
② 《文选》卷40《弹事》。

颖万娶太原王述女;太原王国宝娶谢安女;颖川庾龢娶陈郡谢尚女;陈郡殷颖娶陈郡谢尚女;殷颉之从兄殷仲堪则娶琅邪王临之女;谯国桓冲娶琅邪王怡女,又娶颖川庾蔑女;琅邪工弘娶陈郡袁淑姑母;陈郡袁质娶谢安女,袁质子袁湛又娶谢玄女。由此可见,王、谢、庾、桓、殷、袁等族间有着千丝万缕的姻亲关系。除这几家大族互相联姻外,他们也与其他大族联姻。如琅琊王氏是当时第一等高门大族,与其联姻的还有高平(治今山东巨野南)郗氏、庐江(治今安徽舒城)何氏、鲁郡(治今山东曲阜)孔氏、陈留(治今河南开封附近)阮氏等。总之,除了几个大姓联姻外,每姓又联结几家大族,但婚姻范围始终限制在一个很有限的圈子里。

在北朝,世家大族的婚姻也很重门第。以北魏时期崔、卢两大世族为例,当时与崔、卢两氏有婚姻关系的诸姓共123例,其中郡望不详者九例,难于确定士庶身份者二例,除此之外,绝大部分都是有一定郡望的士族或皇族。崔、卢二姓为北方有代表性的一流高门士族,通过对他们的考察,可见北方士族门第婚的一斑。

二、魏晋南北朝时期士族门第婚的社会影响

(一)婚姻范围狭小造成士族整体素质下降

由于门第的限制,士族选择配偶的范围很狭窄。从横向看,同等门第的士族之间互相通婚;从纵向看,结成姻亲的两支士族之间累代通婚。再加上东晋南朝(尤其是东晋)时,侨姓士族(迁居南方的北方士族)和吴姓士族(土著的南方士族)之间也有门第之隔,他们之间很少通婚,婚姻圈的狭窄必然会导致大量的近亲通婚。又由于东晋南朝诸政权偏居江南一隅,地域狭小,因而其婚姻具有很浓厚的近距离通婚的特点。法国人口学家阿尔弗雷·索维曾经指出,人口经过长时期近距离的通婚,会产生"孤立群"现象,"这些人群必然会存在严重的近亲结婚现象。这种现象必然使得他们的死亡率高,同时也限制了他们的生育率"[1]。

近亲通婚使婚姻双方亲上加亲。从社会功能来说,这种婚姻可以形成姻亲之间更加巩固的联盟,但从生理机制来说,近亲结婚导致近亲繁殖,近亲繁殖会大大增加隐性遗传病(如先天畸形、先天白痴等)的患病率,影响后代的正常发育,降低人口质量。之所以在两晋南北朝数百年间,没有出现智勇双全的开拓型人物,这不能说与此毫无关联。

---

[1] 阿尔弗雷·索维:《人口通论》,商务印书馆1983年版。

(二)盲目"排异"助长了门阀士族养尊处优的陋习

士族在血统高贵论的门第观念影响下,不求进取,不学无术,生活腐化堕落。有关这方面的例子史书记载很多,如何劭"食必尽四方珍异,一日之供以钱二万为限"①,石崇"以蜡代薪","涂屋以椒","作锦步障,五十里"②,任恺"一食万钱,犹云无可下箸处"③。当时这种奢风弥漫于魏晋南北朝士族中间,士族竟以此为高尚。另外,士族的腐化堕落还表现在其日常嗜好上。魏晋南北朝数百年间,上自皇室下至士庶都喜服寒食散。寒食散又叫五石散,是一种毒品,虽暂时有治病提神的功效,但长期服用伤身害命。士族的这一不良嗜好导致士族身体素质差,削弱了士族集团的力量。除此之外,士族还赌博成性,史载,刘毅"于东府聚摴蒱大掷,一判应至数百万"④。在北周,"梁主萧詧曾献玛瑙钟,周文帝执之顾丞郎曰:'能掷樗蒲头得卢者,便与钟。'"⑤皇帝带头赌博,民间之流行更可想见。

除了生活腐化外,士族还用功在声音容貌、举止仪态上。古词《陌上桑》中,秦罗敷描写她的丈夫:"为人洁白晳,鬑鬑颇有须,盈盈公府步,冉冉府中趋。"⑥这就是当时士族标准的姿态,男人傅粉施朱,弱不胜衣,完全一副妇女形态。由于过分追求容貌,士族子弟多以不治事为高。颜之推在《颜氏家训·涉务》中对这一现象做了很好的描述:"江南朝士……悉资俸禄而食耳……不知几月当下,几月当收,安识世间余务乎?故治官则不了,营家则不办,皆悠闲之过也。"除了治事能力低下外,当时的士族还以从事武功为耻辱。史载,王恬"少好武,不为公门所重。导见悦辄喜,见恬便有怒色"⑦。王恬是王导的次子,因为好习武,王导见他便有怒色,而见到长子王悦就很高兴。在这种轻武风气下,自然要养出一批体态羸弱的人士。正如颜之推在《颜氏家训·涉务》中所说:"梁世士大夫皆尚褒衣博带,大冠高履,出则车舆,入则扶侍,郊郭之内,无乘马者。……及侯景之乱,肤脆骨柔,不堪行步,体羸气弱,不耐寒暑,坐死仓猝者,往往而然。"士族子弟养尊处优,居高位而

---

① 《晋书》卷33《何曾传附何劭传》。
② 《晋书》卷33《石崇传》。
③ 《晋书》卷45《任恺传》。
④ 《晋书》卷85《刘毅传》。
⑤ 《北史》卷36《薛辩传附薛端传》。
⑥ 刘文忠、刘元煌:《汉魏六朝诗选注》,太白文艺出版社2003年版。
⑦ 《晋书》卷65《王导传附王恬传》。

不治事,其结果必然使士族阶层走向衰落。

(三)士庶对立加剧了吏治腐败

两晋时期士族的谱系是士族优于平民的一项重要根据。由于士族在各方面都享有特权,因此有些非士族的人就想通过贿赂官员、修改簿籍来提高身份,使自己成为士族阶级。如《南齐书·贾渊传》载:"永明中,卫军王俭抄次百家谱,与渊参怀撰定。建武初,渊迁长水校尉,荒伧人王泰宝买袭琅琊谱,尚书令王宴以启高宗,渊坐被(求)[收],当极法……"①这是寒门贿赂官员篡改籍谱的例子,像王泰宝这样篡改谱系的人在当时还有不少。又如《魏书·朱瑞传》:"瑞以青州乐陵有朱氏,意欲归之,故求为青州中正。又以沧州乐陵亦有朱氏,而心好河北,遂乞移属焉。"②这又是一个冒籍冒谱的实例。以上这些反映南北朝时期已有不少庶族通过用钱买谱混入士族阶层了。正如南齐虞玩之上书所说:"又有改注籍状,诈入仕流,昔为人役者,今反役人。"③非士族者只要有钱就能混入士族,谱籍的买卖加剧了吏治的腐败,在一定程度上加速了门阀士族走向衰亡。

第三节 自主婚

魏晋南北朝政局不稳,社会生活动荡不安,百姓颠沛流离,加之儒学衰微,思想解放,于是在社会上逐渐形成了自由开放、弃旧迎新的新思潮。广大妇女开始冲破儒家纲常礼教的束缚,积极勇敢地追求自己的幸福。特别是北朝妇女,由于受胡人旧有风俗的影响,她们在社会生活中显得异常活跃,在婚姻家庭中地位有了很大提高。

一、魏晋南北朝时期妇女婚姻自主的表现

在中国古代,女性自降临人世,地位就比男子低微,《诗经·小雅》中说

---

① 《南齐书》卷52《贾渊传》。
② 《魏书》卷80《朱瑞传》。
③ 《南齐书》卷34《虞玩之传》。

道:"乃生男子,载寝之床,载衣之裳,载弄之璋。乃生女子,载寝之地,载衣之裼,载弄之瓦。"①意思是生下男孩子,就给他穿上礼服的裙子,让他在床上玩弄玉制的礼器;生下女孩子,就给她围上胞被,让她在地上的席子上玩弄陶制的纺轮。这明显反映出了男女之间地位的巨大差别。到了两汉时期,妇女的地位进一步沦落,刘向的《列女传》、班昭的《女诫》都对女性做了严格的要求,劝导女性对男性无条件服从,女性在婚姻家庭中的地位就更低了。

但至魏晋南北朝时期,尤其是北朝,这时的妇女弃纲常礼教于不顾,积极大胆地追求自己的爱情,她们在婚姻中拥有一定的自由。其表现主要在以下两个方面。

(一)拥有自主择偶的权利

《礼记·昏义》开篇就说:"婚姻者,将合二姓之好,上以事宗庙,而下以继后世也,故君子重之。"由此可见,婚姻自古就被人们重视。但是,在中国古代,父母的意志却是婚姻成立的重要条件,女子几乎没有自主选择丈夫的权利。"父母之命,媒妁之言"逐渐成了一种不成文的规定。相反,若是不经爹娘开口,不通过媒人介绍,就和自己喜欢的人私会,那么,爹娘和社会人士都会轻视她,认为她不遵守礼教。然而魏晋南北朝时期的妇女,并没有完全恪守这个定则,她们在婚姻中拥有一定的择偶自主权。

北朝少数民族保持着较多的旧有风俗,在她们看来,男欢女爱、男婚女嫁都是很简单的事情,没必要遮遮掩掩,这从北魏时期的民歌中就可以反映出来。《幽州马客吟歌词》中写道:"南山自言高,只与北齐。女儿自言好,故入郎君怀。郎着紫袴褶,女着彩袂裙。男女共燕游,黄花生花园。"歌词生动地描述了北魏男女自由交往的情景。再如《地驱乐歌》的歌词:"月明光光星欲堕,欲来不来早语我。"②朴素的语言写出了当时民间女子的自由恋爱现象。这些说明了北朝女子在择偶上拥有很大的自主权,能够自主选择自己的心上人。此外,北朝妇女在择偶上还有着自己的标准。《魏书》卷103《高车传》记载:"倍侯利质直勇健过人,奋戈陷阵,有异于众,北方人畏之。"敕勒民间有这样的歌谣:"求良夫,当如倍侯利。"倍侯利就是敕勒女子心目中的对象,希望自己的伴侣可以像倍侯利一样勇猛过人。

魏晋南北朝时期,不仅仅民间女子在选择配偶上有较大的自主权,贵族中的女子也一样,拥有一定的择偶自由。史载,"刺史燕国徐邈有女才淑,择

---

① 高亨:《诗经今注》,上海古籍出版社2009年版。
② 郭茂倩:《乐府诗集》,中华书局1979年版。

夫未嫁。邈乃大会佐吏,令女于内观之。女指濬告母,邈遂妻之"①。司州徐邈的女儿,看中了父亲的僚属王濬,通过母亲缔结成婚姻。又据《晋书·贾谧传》载,"谧字长深。母贾午,充少女也。父韩寿,字德真,南阳堵阳人,魏司徒暨曾孙。美姿貌,善容止,贾充辟为司空掾。充每宴宾僚,其女辄于青璅中窥之,见寿而悦焉。……充秘之,遂以女妻寿"②。贾充的女儿贾午见韩寿美貌大方,与之私下往来,事情暴露后,贾充就把女儿嫁给了韩寿。再如北魏孝文帝之妹彭城公主,史载:"彭城公主,宋王刘昶子妇也,年少嫠居。北平公冯夙,后之同母弟也。后求婚于孝文,孝文许之。公主志不愿,后欲强之,婚有日矣。公主密与侍婢及僮从十余人,乘轻车,冒霖雨,赴悬瓠,奉谒孝文,自陈本意。"③冯夙仗着自己的姐姐是皇后欲娶彭城公主,遭到彭城公主的反对,结果冯夙的愿望没能实现。

(二)享有离婚和再婚的自由

女子离婚和再婚在今天看来也许是习以为常的事,但在中国古代社会却是罕见的一件事。魏晋南北朝时期,由于男尊女卑观念淡薄,社会上对于妇女的"贞节"问题不太在意,所以女子主动提出离婚以及再嫁之风较为盛行,它是妇女在婚姻中地位高的重要表现。

在北朝,妇女如果对丈夫感到不满,或者感情破裂都可以提出离婚。例如北魏冯脩,因与兄长冯诞不和,冯脩"遂结左右有憾于诞者,求药,欲因食害诞。事觉,高祖自诘之,具得情状。……黜为平城百姓。脩妻,司空穆亮女也,求离婚,请免官"④。冯脩想要下毒药害死自己的兄长冯诞,结果被高祖治罪贬为百姓,他的妻子便上书孝文帝请求和他离婚。

当时不仅妇女离婚的现象较为普遍,就是寡妇再嫁,也是司空见惯的事,且男人也不因为娶之而感到屈辱。据《北史·道武七王列传》记载,"孝文崩后,和罢沙门归俗,弃其妻子,纳一寡妇曹氏为妻。曹氏年长,大和十五岁,携男女五人,随鉴至历城,干乱政事"⑤。材料中的曹氏不仅是个寡妇还大和十五岁,即使是在当今的社会,多少也会受人非议的。再如《魏书·张彝传》记载:"……时陈留公主寡居,彝意愿尚主,主亦许之。仆射高肇亦望

---

① 《晋书》卷42《王濬传》。
② 《晋书》卷40《贾充传附贾谧传》。
③ 《魏书》卷13《孝文幽皇后冯氏传》。
④ 《魏书》卷83《冯熙传》。
⑤ 《北史》卷16《河南王曜传附平原子和传》。

尚主,主意不可……"①当时陈留公主寡居,不仅张彝愿意娶她,而且高肇也期望得到公主,这反映出了当时寡妇再嫁是极常见的事情,是被社会所认可的。此外《周书·文帝元皇后传》也记载:"文帝元皇后,魏孝武帝之妹。初封平原公主,适开府张欢。欢性贪残,遇后无礼,又尝杀后侍婢。后怒,诉之于帝,帝乃执欢杀之。改封后为冯翊公主,以配太祖,生孝闵帝。"②平原公主之前嫁给了张欢,在张欢被杀后,又嫁给了宇文泰当了皇后,还生下了后来的孝闵帝。

在南朝,诸如此类的现象也很多。史载,"大明初,诏兴宗女与南平王敬猷婚。……敬猷遇害,兴宗女无子孀居,名门高胄,多欲结姻。明帝亦敕适谢氏,兴宗并不许,以女适豢"③。蔡兴宗之女寡居后,名门争欲娶之,并由此产生纷扰,迫使宋明帝下诏判定。以上的例子足以表明,女子离婚以及寡妇再嫁在魏晋南北朝是一种较为常见的社会现象。

二、魏晋南北朝时期妇女婚姻自主的原因

魏晋南北朝的妇女在婚姻中的地位无疑是较高的,她们不仅拥有一定的自主择偶权,还享有离婚和再婚的自由,这是其他朝代所不能比拟的。造成该时期自主婚出现的原因很多,概括起来主要有以下三个方面。

(一)儒家礼教对人们的束缚有所放松

自从汉武帝"独尊儒术",儒家学说就成为官方哲学。两晋南北朝时期由于社会大变动,思想上专制主义有所削弱。由于儒家经学本身的僵化,先秦诸子学说不同程度上得到"复兴",从而在思想文化上形成了先秦以后又一个"百家争鸣"时期。在这种多元文化影响下,两汉以来束缚人们思想的儒家传统礼教受到猛烈冲击,社会思想的自由、宽泛前所未有,贞节观念相对淡薄,从而使人的自觉精神得到充分发展。这一时期,妇女在婚姻上不再受儒家名教束缚,大胆追求个人幸福,像"木兰诗"、"梁祝故事"等的出现,正是人们追求男女平等和婚姻自由等个性解放和独立人格的表现。

(二)政府对妇女的婚姻自主权给予保护

政府对妇女权利的保护也是导致魏晋南北朝妇女婚姻自由的一个重要原因。据《魏书》记载:"……甲寅,登牛头山。庚申,诏曰:'数州灾水,饥馑

---

① 《北史》卷43《张彝传》。
② 《周书》卷9《文帝元皇后传》。
③ 《南史》卷29《蔡兴宗传》。

荐臻,致有卖鬻男女者。天之所谴,在予一人,而百姓无辜,横罹艰毒,朕用殷忧夕惕,忘食与寝。今自太和六年以来,买定、冀、幽、相四州饥民良口者,尽还所亲,虽娉为妻妾,遇之非理,情不乐者亦离之。'"①北魏孝文帝通过颁布诏令的形式来保护妇女的离婚自由,这种保护使得妇女在婚姻中有更多的自主权。

此外,《魏书·高允传》也有记载:"今之大会,内外相混,酒醉喧说,罔有仪式。又俳优鄙艺,污辱视听。朝廷积习以为美,而责风俗之清纯。"②"内"指妇女,"外"指男人。从这个记载中可以看出,北魏的男女交往自由是被政府所认可的,并已经习惯把它作为一种美来欣赏。

(三)少数民族传统习俗对妇女自主婚有一定的影响

魏晋南北朝时期,各民族交往频繁,文化相融的氛围比较浓厚。在这种背景下,少数民族淳朴、奔放的婚姻习俗对汉族特别是女性的婚姻观念带来巨大冲击。这一时期广大妇女自我意识慢慢觉醒,对婚姻自主的追求和婚姻地位平等的渴望较前代有了明显变化,她们的率真缘情在历史上也是较为罕见的。据《世说新语·容止篇》记载,潘岳"有姿容,好神情。少时挟弹出洛阳道,妇人遇之,莫不联手共萦之"。而长相丑陋的左思也想仿效潘岳到处游逛,受到妇女的围观,妇女纷纷鄙视并"乱唾之,使之委顿而返"。这充分反映当时社会风气开放,女子有较大的自由度,不但可以出街露面,还可以自主表达心声。

综上所述,魏晋南北朝时期的妇女拥有一定的自主择偶权,并享有离婚和再婚自由,她们的婚姻自主观对中国古代妇女史、婚姻史有重大影响。

第四节　薄葬习俗

丧葬作为中国古代的一项重要礼俗,它的意义早已超越掩埋遗体这一具体的形式,而更多地在于它所承载的思想观念和所处的社会状态。在中

---

① 《魏书》卷7《高祖孝文帝纪上》。
② 《魏书》卷48《高允传》。

国古代,由于各朝政治、经济和文化等原因的差异,不同时代的丧葬礼制和丧葬实践也大不相同。汉魏之际,中国的丧葬经历了一个由汉代厚葬到魏晋南北朝薄葬的社会风气转换,其中深层的原因是社会物质财富的多寡,当然也和人们思想观念的变化有着一定的联系。魏晋南北朝是一个天灾不断、战火连绵、政权更替频繁的时代,动荡的政局造成社会的极不稳定,使人们在思想和生活等方面出现了很多的变化,在丧葬这一风俗方面,这一时期主要以俭薄为主。本文即依据文献与考古资料对魏晋南北朝时期的薄葬具体情况加以考察,并对其产生的原因进行探讨,以期加深对于魏晋薄葬这一历史现象的认识理解。

一、魏晋南北朝时期薄葬之风盛行

魏晋南北朝是一个天灾不断、战火连绵、政权更替频繁的时代,动荡的政局,造成社会的极不稳定,使人们在思想和生活等方面出现了很多的变化,在丧葬这一风俗方面,这一时期主要以俭薄为主。曹魏统治者曹操和曹丕的率行薄葬开魏晋薄葬之先导。史载,建安十年(205年)曹操平定冀州后,随即禁令厚葬。建安二十三年(218年)六月,曹操为自己选定葬所,确立了葬地的基本格局。《晋书》卷20《礼志中》载:"魏武以礼送终之制,袭称之数,繁而无益,俗又过之。豫自制送终衣服四箧,题识其上,春秋冬夏,日有不讳,随时以敛,金珥珠玉铜铁之物,一不得送。文帝遵奉,无所增加。及受禅,刻金玺,追加尊号,不敢开埏,乃为石室,藏玺埏首,以示陵中无金银诸物也。汉礼明器甚多,自是皆省也。"比之大行厚葬的秦皇汉武,曹操对自身丧葬的安排显然要俭约得多,这种力挽颓风的举措确是难能可贵的。

魏文帝曹丕的葬事效其父而行之。黄初三年(222年),他选择首都洛阳附近的首阳山东麓为陵地,做终制曰:"封树之制,非上古也,吾无取焉。寿陵因山为体,无为封树,无立寝殿,造园邑,通神道。……无施苇炭,无藏金银铜铁,一以瓦器,合古涂车、刍灵之义。棺但漆际会三过,饭含无以珠玉,无施珠襦玉匣,诸愚俗所为也。……若违今诏,妄有所变改造施,吾为戮尸地下,戮而重戮,死而重死。臣子为蔑死君父,不忠不孝,使死者有知,将不福汝。其以此诏藏之宗庙,副在尚书、秘书、三府。"①曹丕在终制中明令一系列豪奢葬事不准为之,陵内陵外,皆从俭约,同时,他还清醒地认识到厚葬之事往往是由君臣双方共同造成的,因此吩咐将终制诏命存于宗庙官署之中,

---

① 《三国志》卷2《魏书·文帝传》。

以防阿谀拍马之徒有所变更。薄葬之心可谓坚定。黄初七年,曹丕四十而亡,葬首阳陵,自殡及葬,皆以终制从事。

魏明帝曹叡崇尚奢华,在位期间大肆营建洛阳宫殿。他先修筑昭阳殿、太极殿和总章观,后又在城西北兴建金埇城,在城东北兴建芳林园。魏明帝在芳林园里,朝欢暮乐,把国事置之度外。就是这样一个生前追求享乐的皇帝,对于自身葬事却也未大异于父祖。《晋书》言:"明帝性虽崇奢,然未遽营陵墓之制也。"①

其后的曹魏统治者或为司马氏所废,或死于司马氏刀下,均未得善终于位上,虽未曾留下有关终制之言,但他们的丧葬是不会豪奢的。

曹氏父子的薄葬之举,对曹魏的皇亲国戚和高官显宦的葬事产生了积极的影响和约束作用。曹丕妻郭皇后、司空王观、光禄大夫徐宣、右将军徐晃、兖州刺史司马朗、豫州刺史贾逵等皆丧葬俭薄。

迄今为止,考古工作者尚未发现曹魏帝陵,可以确定的曹魏墓葬也数目寥寥。这固然反映了有关的考古调查和发掘工作有待深入,但恐怕与曹魏实行薄葬亦不无关系。

西晋始于265年,终于316年,是魏晋南北朝时期唯一的统一的政权。西晋开国君王武帝司马炎的父祖辈在曹魏之世已权势倾国,但他们的葬事如同曹魏皇室和其他高官一样,是力求俭薄的。晋武帝的祖父晋宣帝司马懿死于曹魏嘉平三年(251年),临终前"预作终制,于首阳山为土葬,不坟不树;做《顾命》三篇,敛以时服,不设明器,后终者不得合葬"②。他的临终嘱咐秉承了曹氏父子的薄葬思想,对后世有重大影响。其子晋景帝司马师"丧事制度又依宣帝故事"③。晋文、武二帝的葬事详情不见记载,但据晋惠帝时尚书裴頠所言"大晋垂制,深惟经远,山陵不封,园邑不饰,墓而不坟,同乎山壤,是以丘阪存其陈草,使齐乎中原矣"④,可知西晋初期帝陵面貌之大略,文、武二陵当即如此。另外,考古调查资料也显露了文、武二帝薄葬之端倪。

晋文帝崇阳陵墓地和晋武帝峻阳陵墓地已基本确定其位,据《考古》1984年12期《西晋帝陵勘察记》载,址在洛阳东北的邙山南麓。勘察者初步考定,崇阳陵墓地M1为晋文帝陵,峻阳陵墓地M1为晋武帝陵。据铲探得

---

① 《晋书》卷20《礼志中》。
② 《晋书》卷1《宣帝纪》。
③ 《晋书》卷20《礼志中》。
④ 《晋书》卷30《刑法志》。

知,文帝陵土坑墓道长约46米,宽约11米,墓室为土洞,仅底部铺砖,长约4.5米,宽约3.7米;武帝陵土坑墓道长约36米,宽约10.5米,土洞墓室长约5.5米,宽约3米。此二陵除墓道规模宏大外,墓室则与其他陪葬墓相当。若此考不误,文、武二帝之陵真是俭约到了足以令人惊叹的地步。

西晋的另外三帝均未得安死。他们或充当皇族争斗的牺牲品,或成为匈奴的战俘,死于异乡。

关于西晋其他社会上层人士对丧葬之事的态度,大致可归纳为如下几类:

一类为生前崇奢,临终遗命薄葬。如散骑常侍夏侯湛,其传曰:"湛族为盛门,性颇豪侈,侯服玉食,穷滋极珍。及将没,遗命小棺薄敛。不修封树。论者资湛虽生不砥砺名节,死则俭约令终,是深达存亡之理。"①

一类为生前较为节俭,临终遗命薄葬。如司徒石苞终制"不得起坟种树"②,太保王祥遗令"勿起坟陇"③。名士皇甫谧《笃终》曰:"无种树木、削除,使生迹无处,自求不知。"④另外,还有宗室安平王司马孚、征南大将军杜预、谏议大夫庾峻、凉州刺史张轨、儒士徐苗等都力主俭约薄葬。

还有一类为放达之士,对身后事看得很轻。如"竹林七贤"中的刘伶,"常乘鹿车,携一壶酒。使人荷锸而随之,谓曰:'死便埋我。'其遗形骸如此"⑤。

只有少数人生则崇奢,死亦厚葬。如辅军大将军王濬,"平吴之后,以勋高位重,不复素业自居,乃玉食锦服,纵奢侈以自逸。……葬柏谷山,大营茔域,葬垣周四五十里,面别开一门,松柏茂盛"⑥。

从上述可以看出,西晋最高统治者是主张并身体力行薄葬的,而其他社会上层人士对丧葬之事的态度尽管不尽一致,但总体上来说,还是主张薄葬的。

东晋帝后的葬事大多依遵西晋制度。史载"江左初,元、明崇俭,且百度草创,山陵奉终,省约备矣"⑦。明帝司马绍临终遗命:"敛以时服,一遵先度,

---

① 《晋书》卷55《夏侯湛传》。
② 《晋书》卷33《石苞传》。
③ 《晋书》卷33《王祥传》。
④ 《晋书》卷51《皇甫谧传》。
⑤ 《晋书》卷49《刘伶传》。
⑥ 《晋书》卷42《王濬传》。
⑦ 《晋书》卷20《礼志中》。

务从简约,劳众崇饰,皆勿为也。"①成帝司马衍葬其妻杜皇后,诏曰:"今山陵之事,一从节俭,陵中唯洁扫而已,不得施涂车刍灵。"②康帝司马岳陵中所用稍侈,就被后世视作有违祖法,引以为戒。穆帝司马聃陵中拟用"宝器",太常江逌进谏:"以宣皇顾命终制,山陵不设明器,以贻后则。……昔康皇帝玄宫始用宝剑金舄,此盖太妃罔已之情,实违先旨累世之法。今外欲以为故事,臣请述先旨,停此二物。"③结果,事依江逌所谏而行。以后,孝武帝司马曜妻王皇后死,据《晋书》卷20《礼志中》载,"终事唯从俭速",并禁止各地派遣山陵史和选设挽郎,送葬礼仪亦有所简化。文献记载,东晋诸陵多无坟封,唯穆帝永平陵起坟,周40步,高16尺,规模并不大。考古发现也证明东晋时期是实行薄葬的。东晋墓葬在长江中下游地区多有发掘,墓葬形制较前代发生了明显变化,即无论规模大小,墓葬多为单室,复杂的多室和前后室墓很少见到。墓室长度一般不超过6米,较前代大为缩小;随葬品中在前期仍以青瓷器为主,但精制器物减少,后期则陶器增多,金银饰品和铜铁器物很少见,明器的种类和数量急剧减少,瘗钱现象明显衰退,碑、表已不见,取而代之的是石墓志。

尤为重要的是,东晋时期南方大族的葬制也发生了变化。西晋时期,由于中央政府对南方地区的控制不力而对南方土著大族的葬制采取比较宽容的态度,因此这里的丧葬状况并没有随政治上的统一而发生变化,依然沿袭东吴旧制,奢华程度明显超过北方地区。从江浙一带发掘的西晋墓中可以看出,墓葬规模较大,墓长达10多米。阳羡周氏墓葬群一号墓长达13.12米,墓葬中结构复杂的多室墓占大多数,随葬品也极为丰富,且墓群占地面积大。但自东晋起,葬俗为之一变,薄葬风俗始行。如会稽人贺循任武康令时,"俗多厚葬,及有拘忌回避岁月,停丧不葬者,循皆禁焉。政教大行,邻城宗之"④。一些士人临终亦遗令丧事从俭,如山阴人孔愉"病笃,遗令敛以时服,乡邑义赗,一不得受"⑤。这一薄葬之风在南朝继续发扬光大,朝廷不仅对墓制和葬礼申明俭约,而且对墓前的石兽、碑、表也实行禁断。在考古发现中,南朝墓葬仍以单室砖墓为主,随葬品与东晋差不多,且多以陶制器皿为主。这些材料说明,宋、齐、梁、陈四朝仍推行薄葬。

① 《晋书》卷6《明帝纪》。
② 《晋书》卷32《成恭杜皇后传》。
③ 《晋书》卷83《江逌传》。
④ 《晋书》卷68《贺循传》。
⑤ 《晋书》卷78《孔愉传》。

二、魏晋南北朝时期薄葬之风形成原因

魏晋时期,形成薄葬之风的原因是多方面的,既有历史和社会方面的影响,又有经济和思想方面的因素。

(一) 薄葬观念的影响

薄葬作为一种社会现象,既不始见于魏晋,也不终止于魏晋,只是在魏晋时代表现得较为突出,因此,我们不能忽视前代薄葬观念与行为对魏晋南北朝薄葬的启示和影响作用。

薄葬观念是伴随着厚葬风气的兴起而产生的。战国时代的墨子曾明确反对厚葬久丧,提出了节葬的主张。《吕氏春秋》亦对厚葬多有抨击。西汉刘向认为薄葬是圣帝、明王、贤君、智士之所为。东汉王符、王充等人痛数厚葬之弊,倡导薄葬,王充甚至把葬之厚薄提到关系国家安危的高度来认识。

薄葬之事自古已有。在《汉书》卷36《楚元王传第六》中,刘向曾列举黄帝、尧、舜、禹、商汤、周文王、周武王、周公、孔子等"明圣"为薄葬楷模。两汉自文帝刘恒始,遗命葬事俭约和诏禁厚葬的皇帝不乏其人,高官贵族葬事以俭者亦大有人在。虽然终汉之世,厚葬风气未得根本改变,但是部分皇帝和官员的俭葬行为对扭转厚葬风气还是有一定作用的。因此,魏晋的薄葬不可能不受到前代薄葬观念的影响。

另外,历史因素对魏晋薄葬的影响作用还在于前代厚葬被盗掘毁坏的教训。掘墓之于厚葬,可谓如影随形,埋葬丰厚则令贪财之徒生发掘之意,葬愈厚则掘愈凶,尤其在易代之后和动荡之世更是如此。正如西汉刘向所说:"夫死者无终极,而国家有废兴","其葬愈厚,丘陇弥高,宫庙甚丽,发掘必速"[①]。前覆后戒,前代厚葬之墓被毁的教训对当时人们不能不产生深刻的警戒作用。魏晋南北朝政局动荡,这种不稳定的社会形势使盗墓之风大为猖獗,这就使得人们因害怕坟墓被盗而不敢进行厚葬。这一时期出现的"潜虚伪葬"习俗和大墓很少的现象便是这种形势的客观反映。所谓"潜虚伪葬",也称"潜埋虚葬",简称虚葬,是魏晋南北朝时期在上层统治者中间流行的一种非常特殊的埋葬方式:墓主的尸体埋葬在其他地方,同时准备礼仪文物进行虚葬。中国历史上有确切文献记载的最早一次潜虚伪葬,发生在西晋愍帝建兴元年(313年)。据《晋书·石勒载记上》记载,是年石勒母亲王氏去世,石勒将她"潜窆山谷,莫详其所。既而备九命之礼,虚葬于襄国城

---

① 《汉书》卷36《刘向传》。

南"。潜虚埋葬的本意就是为了保守秘密,以免坟墓被盗。其流行的原因,据曹永年先生研究,与当时社会动荡不安的状况有关。

(二)皇权的衰落

一般来说,皇权强盛之世,皇帝于葬事几乎是随心所欲,充分显示皇权至上的威仪,帝陵与臣墓的区别十分显著,陵寝制度也较为完备。当皇权衰落时,帝陵的构筑则受到较多的制约。

魏晋南北朝,由于门阀氏族以统治阶级的身份登上历史舞台,导致专制主义中央集权制度的弱化。门阀氏族统治内部的权力结构,是以宗法家族系统和地域性的双重关系来划分的,因此具有强烈的排他性,从而使其内部的权力纷争不已,影响了地主阶级权力的高度集中。其结果,一是无力稳定全国的统一局面;二是每一王朝的统治时期短促,政权更替频繁。在这种政局动荡、战乱纷起之世,统治阶级采用薄葬,可谓是明智之举。且不说社会秩序的不安定使墓葬容易遭盗毁,当兵荒马乱之际,最高统治者即使想精心于葬事亦是不可能的。这是因为帝王集中财力受到限制,从而影响到帝陵的耗费。在中原地区曹魏初年和西晋末年大墓少有发现即是当时战事频繁的客观反映。

另外,魏晋南北朝豪强大族的势力十分强大,他们对于政府的态度直接关系到政权的稳固与否。因此,曹魏、西晋、东晋政权极力笼络大族势力。如东晋中期,谢安执政,其政治思想便是"镇以和靖"。所谓"镇以和靖",就是从地主阶级和东晋王朝的总体利益出发,缓和社会矛盾,团结内部,稳定政局。因此,在这一基本思想的指导下,以大局为重,宽和为政,减少内耗,以对付多虞的外部环境。与其统治思想相配套,最高统治者在丧葬习俗方面,这三个政权的帝陵都较俭薄,与豪强大族的墓葬差别不大或略逊一筹,其用意之一恐在于不与豪强大族造成明显的等级沟壑,以免激起他们的反感,似可见统治者的用心之良苦。

(三)经济控制力的相对削弱

社会经济状况的优劣和葬事的普遍厚薄有着直接的关系。东汉末年自汉献帝永汉元年(189年)董卓之乱起,至董卓被杀(192年)以后的几年间,豪强割据,互相攻伐,岁无宁日,民人相食,以致中原地区出现了"白骨露于野,千里无鸡鸣"的凄惨景象。曹操统一北方后,尽管采取了一系列措施来恢复和发展北方经济,但终魏之世,经济状况一直未能恢复到汉代水平,不仅一般劳动人民不富足,就是许多高官贵族的经济实力也很有限,在这样的经济条件下,薄葬之风易于形成。曹操令禁厚葬的重要原因之一就是顾及了当时的社会形势。

西晋前期,社会经济状况开始好转并显示出一定程度的繁荣,奢靡之风随之在统治阶级中大盛,丧葬之事便表现出较曹魏奢侈。西晋末年,由于"八王之乱"和北方少数民族的入侵,中原地区的社会经济再一次受到大的破坏,反映在葬事上则是较西晋前期略为节俭。

东晋政权偏安一隅,据有今天长江中下游、闽江、珠江流域以及淮河流域大部分。虽然社会经济有较大幅度的增长,但统治区域却相对狭小,加上地区性经济活跃,国家控制的经济实力远不能与两汉相比,因此,反映在丧葬上,当然会俭约一些。

北朝时期,由于政权更替频繁,战争连绵不断,导致经济非常凋敝。据《魏书》记载:"太祖定中原,接丧乱之弊,兵革并起,民废农业……是时戎车不息,虽频有年,犹未足以久赡矣。"①"百姓困穷,绞缢以殒。北方霜降,蚕妇辍事,群生憔悴,莫甚于今。"②从史书上的有关记载,我们不难看出,当时北朝的经济也是十分凋敝。

总之,自汉末以来,直到南北朝,经济未能得到完全恢复。史书记载,"自魏晋二十一帝,宋、齐十有五主,虽用度有众寡,租赋有重轻,大抵不能倾人产业,道阙政乱"③。当时不仅一般劳动人民不富足,就是许多高官贵族的经济实力也很有限,在这样的经济条件下,人们无法实行厚葬,薄葬之风易于形成。

(四)思想文化的影响

1. 封建的儒家礼教受到冲击

众所周知,自从汉武帝"罢黜百家,独尊儒术"后,儒家克己主义的伦理道德日益成为压抑人性的教条,它极力强调人的社会责任和义务,完全抹杀个人的尊严和自由,从而实现社会的和谐与稳定。但自东汉末起,社会矛盾重重,统治阶级集团内部有两次"党锢之祸",两大对立关系中有黄巾大起义。东汉王朝被摧垮以后,又出现了豪强割据、军阀混战的局面。这样,秦汉以来中央集权的"大一统"的国家彻底垮台了。这些严酷的社会现象,使一些士人开始摆脱传统儒学,转而弘扬老庄之学。他们为《老子》《庄子》和《易经》作注,并援道释儒,用道家的观点去阐释儒家的学说。在这种情况

---

① 《魏书》卷110《食货志》。
② 《北史》卷44《崔光传》。
③ 《隋书》卷24《食货志》。

下,以何晏、王弼为代表的玄学思潮终于产生了。到了魏晋玄学始煽,封建士大夫中的一部分人感叹人生短暂,因而服药炼丹,饮酒任气,高谈老庄,双修玄礼,冲破传统礼教的束缚,既纵情享乐又满怀哲意,形成潇洒不群、超然自得、无为而不为的"魏晋风度"。他们对现实生活有着强烈的欲求和留恋,而对死后事看得较为轻淡。这样的人生观很容易导致一些人的薄葬态度。

2. 道教的传播

魏晋时期,随着儒学统治地位的动摇,种种"异端思想"开始活跃,本土宗教——道教随之兴盛。道教源自春秋战国时由老子、庄子创立的道家学派,道教尊奉老子为其祖师爷。道教宣传道教教义,尊行并发展了老子庄子的"无为"思想,主张现世修行、炼丹服药,追求长生不老或升天成仙。它反对儒家积极入世的现实生活态度,对人生持虚无的态度,摆脱外在的束缚,只有超越一切外在的东西,才能领悟到人生的本源——道。

由于道家持顺应天道、崇尚无为的超凡脱俗的世界观和人生观,所以在个体的生死观上也表现出一种超然的乐观态度,针对儒家倡导的丧葬观,道教反其道而行之。道士们积极参与民间的各种丧事活动,他们借助这些丧葬活动来显示自己的"神威",重视薄葬而轻视厚葬,厌弃孝道观念。魏晋南北朝时期,道教在社会上广泛流行,上至统治者下至平民百姓都信奉道教。因此魏晋南北朝薄葬的形成与道教的传播也有着紧密的联系。

3. 佛教的兴盛

除上面玄学、道学外,魏晋南北朝时期薄葬与佛教的兴盛也有较大关系。佛教在西汉末年传入中国,但真正开始流行还是在魏晋南北朝时期。

魏晋南北朝政局动荡,战事频繁。佛教的教义,成为人们的精神寄托。首先,佛教宣扬"轮回转世"说。这种业报轮回之说,给人以这样的伦理启示:今生修善德,来世升入天界;今生造恶行,来世堕入地狱。佛教的"轮回转世"的观念对我国传统的"灵魂不灭"和"孝道至上"的儒家丧葬观进行了沉重打击。因此,佛教主张人们重视生前的行为,不要重视死后的事。佛家弟子视死如归,重视生前修行悟道,不重视死后"冥界生活"。其次,佛教主张火葬。佛教徒反对厚葬主张薄葬,不祭祖扫墓,人死就进行火葬,不收骨灰,不实行土葬,火化以后葬事就算结束了。佛教徒这种重生不重死的观念有力地冲击着儒家厚葬的"孝道"观念,逐渐被广大劳动人民所接受,也给那些无力为家人厚葬的穷苦百姓以舆论上的解脱。因此,佛教重生轻死的观念成为薄葬能够在民间推行的深刻的思想根源。

综上所述,魏晋南北朝实行薄葬是一种特殊的历史现象,是政治、经济、社会文化等多方面因素的浓缩。在上述因素中,政治形势和经济状况是薄葬兴盛的最主要原因,其他因素则是在这种特定的环境影响下发挥着作用。正是基于上述特定的历史条件,而最终形成了魏晋南北朝时期较为广泛的薄葬现象。曹操父子率先薄葬对当时社会产生了显著成效,它不仅保证了统治集团能够将有限的人力、物力用于社会生产和军事战争,而且在客观上推动了我国丧葬文化的发展。

社会保障

建立完善的社会保障体系,是维护国家稳定,缓和社会矛盾的一项重要举措。在中国,社会保障可以说与国家的产生、发展相伴始终,其渊源可追溯到原始社会末期。早在尧舜时期,帝舜就提出"慎身"和"安民"的问题。三代之时,我国社会保障的相关措施已初见端倪,《周礼·地官·司徒》载:"以保息六养万民:一曰慈幼,二曰养老,三曰赈穷,四曰恤贫,五曰宽疾,六曰安富。""慈幼"即爱护儿童,"养老"指尊养高年,"赈穷"系救助困穷者,"恤贫"乃周济贫苦者,"宽疾"意为宽免残疾之人徭役,"安富"指安定富裕之人。可见,当时的救助面覆盖了各类人群。汉代更是大力地推行社会保障政策,以巩固在亡秦基础上建立起来的庞大帝国。魏晋南北朝时期,统治者秉承汉代遗风,以政府行为为主,通过减灾备荒、遣使赈济、安置流民、社会养老、军人优抚等手段来实现社会保障。这些保障措施在一定程度上照顾了社会弱势群体,缓和了社会矛盾,为发展社会经济,化解社会危机起到了积极作用。

第一节 减灾备荒

魏晋南北朝是中国历史上灾害多发时期,据不完全统计,这一时期的自然灾害计有地震116次,水灾83次,旱灾65次,风、霜、雷、雹34次,虫害28次,饥疾49次。[①] 面对如此繁多的自然灾害,该时期的统治者纷纷采取各种防灾措施,这不仅有利于恢复社会生产,而且对维护社会安定和保障人民生活起到了一定的积极作用。

一、魏晋南北朝时期减灾举措

在魏晋南北朝时期的各种灾害中,尤以水旱为最多,其危害也最为严重。为了预防水旱灾害,防患于未然,诸政权的统治者都非常重视防洪抗旱,并把兴修水利作为救灾之根本。

---

① 中国社科院历史研究所:《中国历代自然灾害及历代盛世农业政策资料》,农业出版社1985年版,第135页。

早在三国时期，魏、蜀、吴各政权都很重视水利工程建设。曹魏时期，刘馥任扬州刺史，在合肥"兴治芍陂及茹陂、七门、吴塘诸堨以溉稻田，官民有畜"①。其中七门堰可灌溉农田一千五百顷，芍陂溉田面积更广，至数万顷之多。在淮颍地区，政府"修广淮阳、百尺二渠，上引河流，下通淮颍，大治诸陂于颍南、颍北，穿渠三百余里，灌田二万顷"②。当时，在兴修的众多陂堨中，最有名的当为"郑陂"。史载，黄初年间，郑浑为沛郡太守。"郡界下湿，患水涝，百姓饥乏。浑于萧、相二县界，兴陂堨，开稻田。郡人皆以为不便，浑曰：'地势洿下，宜溉灌，终有鱼稻经久之利，此丰民之本也。'遂躬率吏民，兴立功夫，一冬间皆成。比年大收，顷亩岁增，租人倍常，民赖其利，刻石颂之，号曰'郑陂'。"③另外，在关中开成国渠，筑临晋陂，溉田三千余顷。在河北疏导高粱河，造戾陵遏，开车箱渠，"自蓟西北径昌平，东尽渔阳各县，凡所润含四五百里，所灌田万有余顷"④。大量的水利工程，使整个中原地区，西至关、陕，北至幽、冀，都有引河溉田的农业经营，不但促使农业收入增长，而且便利了各地的漕运和交通，推进了北方的统一。

吴兴修水利兼有军事意义。孙权在赤乌四年(241年)，凿东渠，以泄玄武湖水，使之注入秦淮河中。赤乌八年，开凿破冈渎，把秦淮河截断，在方山埭起，使秦淮河和破冈渎连接，再引破冈渎水接到云阳。这条水路成为南朝转输的主要内河航道。此后，东吴还开凿了从云阳到大长江的运道。⑤

蜀汉政权以成都平原为中心，仰承都江堰水利工程之赐，土地肥美，物产丰饶。诸葛亮辅政，曾"以此堰农本，国之所资，以征丁千二百主护之，有堰官"，保证其地"水旱从人，不知饥馑，沃野千里，世号陆海，谓之天府"⑥的地理优势。

两晋时期，政局动荡，但统治者仍不忘兴修水利。史载，杜预在平吴后，"又修邵信臣遗迹，激用滍淯诸水以浸原田万余顷，分疆刊石，使有定分，公私同利。众庶赖之，号曰'杜父'。……开杨口，起夏水达巴陵千余里，内泻

---

① 《三国志》卷15《魏书·刘馥传》。
② 《晋书》卷26《食货志》。
③ 《三国志》卷16《郑浑传》。
④ 《水经注》卷14《鲍丘水注》。
⑤ 龚书铎：《中国社会通史·秦汉魏晋南北朝卷》，山西教育出版社1996年版，第431页。
⑥ 《水经注》卷33《江水》。

长江之险,外通零桂之漕"①。又据《晋书》卷76《张闿传》载,东晋初张闿任晋陵内史,"乃立曲阿新丰塘,溉田八百余顷,每岁丰稔"。在北方,苻坚"以关中水旱不时,议依郑白故事,发其王侯已下及豪望富室僮隶三万人,开泾水上源,凿山起堤,通渠引渎,以溉冈卤之田。及春而成,百姓赖其利"②。

北朝较重要的水利工程有:北魏太和十二年(488年)五月丁酉,孝文帝"诏六镇、云中、河西及关内六郡,各修水田,通渠灌溉";第二年八月戊子,孝文帝又"诏诸州镇有水田之处,各通灌溉,遣匠者所在指授"③;西魏大统十六年(550年),宇文泰鉴于泾渭灌溉之处渠堰废毁,命贺兰祥修造富平堰,开渠引水,东注于洛;北齐杜弼曾在海州之东,带海筑长堰,外遏咸潮,内引淡水;北周保定二年(562年),在蒲州开河渠,在同州开龙首渠。④

在南方,刘宋政权也很注重兴修水利。据《通典》记载:"宋文帝元嘉七年,刘义欣为荆河刺史,镇寿阳。于时土境荒废,百姓离散。义欣纲维补缉,随宜经理。芍陂良田万顷,隄堰久坏,秋夏常苦旱。义欣遣谘议参军殷肃循行修理,有旧沟引浕水入陂,伐木开榛,水得通泾,由是遂丰稔。"⑤另外,齐、梁两朝先后修建了赤山塘(今江苏句容西南)、苍陵堰(今安徽寿县西)水利工程,其中苍陵堰灌溉面积10万多亩。以上这些水利工程对扩大灌溉面积、防御水旱灾害、发展农业生产都起到了一定的积极作用。

二、魏晋南北朝时期备荒策略

在以农为本的中国古代,农事荒废是饥荒发生的根本原因,故重视农业生产是救荒的重要举措。魏晋南北朝虽兵戈扰攘,战乱连绵,各政府仍不废耕桑本业。

这一时期,各朝诸帝都较为重视农桑生产,并躬耕力行,做出表率。史载,建安十九年(214年)春正月,曹操"始耕籍田"。建安二十一年(216年)三月壬寅,曹操又"亲耕籍田"⑥。太和元年(227年)二月,魏明帝"耕于籍

---

① 《晋书》卷34《杜预传》。
② 《晋书》卷113《苻坚载记》。
③ 《魏书》卷7《高祖纪下》。
④ 龚书铎:《中国社会通史·秦汉魏晋南北朝卷》,山西教育出版社1996年版,第432页。
⑤ 《通典》卷2《食货二》。
⑥ 《三国志》卷1《魏书·武帝纪》。

田",太和五年(231年)春正月,"帝耕于籍田"①。黄武五年(226年)春,孙权"令诸将增广农亩",并"亲自受田",以表示"与众均等其劳"②。泰始四年正月丁亥,晋武帝"亲耕籍田",并下诏鼓励地方官勤务于事:"使四海之内,弃末返本,竞农务功,能奉宣朕志,令百姓劝事乐业者,其唯郡县长吏乎!先之劳之,在于不倦。每念其经营职事,亦为勤矣。其以中左典牧种草马,赐县令长相及郡国丞各一匹。"次年(269年)正月,"敕戒郡国计吏、诸郡国守相令长,务尽地利,禁游食商贩"。十月,表彰汲郡太守督劝开荒五千余顷的功劳,"赐谷千斛,布告天下"③。

国以民为本,民以食为天,统治者要想长治久安,必须劝课农桑,发展生产。元嘉二十年十二月,宋文帝下诏:"有司其班宣旧条,务尽敦课……"元嘉二十一年正月,文帝再次下诏:"营千亩诸统司役人,赐布各有差。"④永明四年(486年)春闰正月辛亥,齐武帝"车驾籍田"⑤。梁元帝即位次年下诏:"食乃民天,农为治本,垂之千载,贻诸百王,莫不敬授民时,躬耕帝籍。是以稼穑为宝,周颂嘉其乐章;禾麦不成,鲁史书其方册。秦人有农力之科,汉氏开屯田之利。……国富刑清,家给民足,其力田之身,在所蠲免。"⑥由此可见,这一时期统治者对农业生产的重视。

北魏太宗神瑞二年(415年),京师平城由于霜灾,发生了严重饥荒。北魏统治者在采取"移民就粟"措施的同时,"敕有司劝课留农者",此次动员成效显著,"自是民皆力勤,故岁数丰穰,畜牧滋息"⑦。孝文帝于太和元年(477年)颁诏:"今牧民者,与朕共治天下也。宜简以徭役,先之劝奖,相其水陆,务尽地力使农夫外布,桑妇内勤。若轻有征发,致夺民里,以侵擅论。民有不从长教,惰于农桑者,加以罪刑。"⑧对地方官提出简徭役而尽地力的要求,对百姓提出从政教而勤农桑的要求。

在农政方面,各朝廷采取的最主要办法是严明罚赏、劝课农桑。宋文帝元嘉八年(431年)诏曰:"自顷农桑惰业,游食者众,荒莱不辟,督课无闻。

---

① 《三国志》卷3《魏书·明帝纪》。
② 《三国志》卷47《吴书·孙权传》。
③ 《晋书》卷26《食货志》。
④ 《宋书》卷5《文帝纪》。
⑤ 《南齐书》卷3《武帝纪》。
⑥ 《梁书》卷5《元帝纪》。
⑦ 《魏书》卷110《食货志》。
⑧ 《魏书》卷7《高祖纪上》。

一时水旱,便有罄匮,苟不深存务本,丰给靡因。郡守赋政方畿,县宰亲民之主,宜思奖训,导以良规。咸使肆力,地无遗利,耕蚕树艺,各尽其力。若有力田殊众,岁竟条名列上。"元嘉二十年又下诏要求政府官员"务尽敦课。游食之徒,咸令附业,考核勤惰,行其诛赏,观察能殿,严加黜陟"①。魏孝文帝太和二十年(496年)五月颁诏:"农惟政首,稷实民先,澍雨丰洽,所宜敦励。其令畿内严加课督,惰业者申以楚挞,力田者具以名闻。"七月又要求:"京民始业,农桑为本,田稼多少,课督以不,具以状言。"②

为保证收到实效,各朝廷对劝课的成绩还进行考察,定其殿最,以决定赏罚。晋武帝时,司徒石苞建议增加州郡掾属令吏,行农桑殿最之制,得到武帝批准。元帝时,以入谷多少,作为考察劝课成绩的标准。

为了把这些流民束缚在土地上,统治阶段大多注意劝课农桑。如曹魏河东太守杜畿"渐课民畜㸬牛、草马,下逮鸡豚犬豕,皆有章程。百姓勤农,家家丰实"③;颜斐为京兆太守,令民"整阡陌,树桑果,是时民多无车牛,斐又课民以闲月取车材,使转相教匠作车。又课民无牛者,令畜猪狗,卖以买牛。始者民以为烦,一二年间,家家有丁车、大牛"④,使京兆成为关中富实之区;郑浑为魏郡太守,"以郡下百姓,苦伐林木,乃课树榆为篱,并益树五果,榆皆成藩,五果丰实"⑤;永和九年(424年),姚襄屯历阳时,"鼓行济淮,屯于盱眙,招掠流民,众至七万,分置守宰,劝课农桑……"⑥;刘弘任苏州刺史,流民"羁旅贫乏,多为盗贼。弘乃给其田种粮食,擢其贤才,随资叙用"⑦。

---

① 《宋书》卷5《文帝纪》。
② 《魏书》卷7《高祖纪下》。
③ 《三国志》卷16《杜畿传》。
④ 《三国志》卷16《仓慈传》引《魏略》。
⑤ 《三国志》卷16《郑浑传》。
⑥ 《晋书》卷116《姚襄传》。
⑦ 《晋书》卷66《刘弘传》。

第二节 济贫救病

魏晋南北朝是历史上自然灾害多发的时期。据有关史料记载,从晋武帝泰始九年(273年)至隋文帝开皇六年(586年)的313年中,共发生水灾183次,旱灾177次,蝗灾54次,瘟疫52次,虫灾32次,共计498次(尚不包括地震、风灾、雪雹、霜冻诸灾),平均每年遇灾1.59次。[①] 灾害的频繁发生,无论对于民众的生活还是农业经济,都会带来无法估量的损失,更为严重的是,水旱灾害的流行往往造成饥民的大量出现,如果政府不采取有效的措施,往往会演化为农民起义。面对这种现状,魏晋南北朝诸政权纷纷采取一些社会保障措施来救助灾民。

一、魏晋南北朝时期开仓济贫

关于开仓赈济的事例,在魏晋南北朝正史的帝王本纪和《天象》《五行》《食货》诸志中记载颇多。据《魏书》卷105《天象志二》记载,高祖延兴二年,"以州镇十一水旱,免民田租,开仓赈恤"。孝文帝在延兴三年,太和元年、二年、四年、八年、二十年出现旱灾后,皆下诏"开仓赈恤"[②]。肃宗神龟元年正月,"幽州大疾,死者甚众,开仓赈恤,又大赦天下"[③]。

灾情发生后,除中央政府有赈济措施外,地方官也在自己管辖的区域内积极救济灾民。如东晋初年,范广为堂邑令,"后大旱,米贵,广散私谷振饥人,至数千斛,远近流寓归投之,户口十倍"[④]。又如刘宋元嘉末,刘善明之父刘怀仁任齐、北海二郡太守,"青州饥荒,人相食。善明家有积粟,躬食饘粥,开仓以救,乡里多获全济,百姓呼其家田为继命田"[⑤]。

---

① 傅筑夫:《中国社会经济史》第3卷,人民出版社1984年版。
② 《魏书》卷7《高祖纪》。
③ 《魏书》卷105《天象志二》。
④ 《晋书》卷90《范晷传》。
⑤ 《南齐书》卷28《刘善明传》。

此外,部分乐善好施的王公贵族、士人和平民,因受佛教慈悲思想的影响,也采取相应的慈善救济方式,以解民于水火。在施行救助的王公贵族中,齐竟陵王萧子良最为著名。据《南史》载:"建元二年,穆妃薨,去官,仍为丹阳尹,开私仓振属县贫人……(永明)九年,都下大水,吴兴偏剧,子良开仓振救贫病不能立者,于第北立廨收养,给医及药。"①在赈济灾荒的平民中,刘宋张进之颇为典型。史载:"张进之,永嘉安固人也。……家世富足,经荒年,散财救赡乡里,遂以贫罄,全济者甚多。"②

二、魏晋南北朝时期医疗救恤

古代卫生条件十分不好,一遇灾荒,民多疫疠。贫苦之民在平时谋一食尚难,更何况瘟疫流行时去求医问病了。魏晋南北朝时期,上至皇帝,下至王公贵族对民众的这种疾苦多有体察,屡施救恤。据《宋书》卷5《文帝纪》载,元嘉四年(427年),京师疾疫,文帝刘裕"遣使存问,给医药",并给病死者发放棺器。北朝在宣武帝时期,正式出现中国历史上最早的官方慈善医院。史载永平三年(510年)冬十月丙申,宣武帝诏:"可敕太常于闲敞之处,别立一馆,使京畿内外疾病之徒,咸令居处。严敕医署,分师疗治,考其能否,而行赏罚。"③官方医馆的出现,表明了官方医疗事业的发展和政府对民众生命健康的进一步重视。

特别值得注意的是,南北朝时期还出现了专门收容贫病者的私立医疗机构——六疾馆。六疾馆创设于5世纪末6世纪初,据《南史》卷44《竟陵文宣王子良传》载:"太子与竟陵王子良俱好释氏,立六疾馆以养穷人。"馆以"六疾"而名,大概源于《左传》。《左传·昭公元年》云:"天有六气,降生五味,发为五色,征为五声,淫生六疾。六气曰阴、阳、风、雨、晦、明也。……阴淫寒疾,阳淫热疾,风淫末疾,雨淫腹疾,晦淫惑疾,明淫心疾。"南北朝时期,"六疾"泛指各种疾病。六疾馆的设置,对于减轻贫困百姓的痛苦,无异于雪中送炭,其作用值得肯定。

三、魏晋南北朝时期军人优抚

优抚,又称抚恤或优恤,是指国家对因公死伤的军人及其家属给予的救

---

① 《南史》卷44《竟陵文宣王子良传》。
② 《南史》卷73《张进之传》。
③ 《魏书》卷8《世宗宣武帝纪》。

济和抚慰。魏晋南北朝诸政权为鼓励前方将士奋勇杀敌,在军队中建立了完善的社会保障制度,以免除前方将士的后顾之忧。具体措施主要包括厚待阵亡将士和抚恤亡属两项。

(一)厚待阵亡将士

汉末以来,天下大乱,群雄割据,战火连绵。而只有抚恤死者,才能安慰生者,激励士气。因此,统治者都比较重视对军人死后的处理。魏晋南朝各代普遍规定了赠给阵亡、病故将士棺椁,致还本土的抚恤制度。据《三国志·文帝传》载,曹丕即魏王位后下令:"诸将征伐,士卒死亡者或未收敛,吾甚哀之;其告郡国给槥椟殡敛,送致其家,官为设祭。"①西晋武帝泰始元年(265年)十二月乙亥诏:"诸将吏遭三年丧者,遣宁终丧。"②南朝刘宋孝武帝大明三年(459年)八月丙申诏:"近北讨文武,于军亡没,或殒身矢石,或疠疾死亡,并尽勤王事,而敛槥卑薄。可普更赗给,务令丰厚。"③南齐明帝建武三年(496年)正月乙酉诏:"去岁索虏寇边,缘边诸州郡将士有临阵及疾病死亡者,并送还本土。"④

(二)抚恤亡属

对于阵亡将士,政府除给予安葬并致祭奠外,对其家属也有完善的保障措施。据《三国志》卷1《魏书·武帝传》载,建安七年(202年),曹操下令:"其举义兵以来,将士绝无后者,求其亲戚以后之,授土田,官给耕牛,置学师以教之。为存者立庙,使祀其先人。"建安十四年(209年),复下令:"其令死者家无基不能自存者,县官勿绝廪,长吏存恤抚循。"又如建元四年正月癸亥,齐高帝诏云:"建元以来战亡,赏蠲租布二十年,杂役十年。其不得收尸,主军保押,亦同此例。"⑤陈文帝天嘉元年二月己亥诏、天嘉五年十二月甲子诏和陈废帝光大二年正月庚子诏,也都有蠲复亡属的举措。总之,魏晋南朝政权已经建立起一套比较完备的军人抚恤制度,并且随着世兵制的衰落和募兵制的兴起,封建政权抚恤士卒的力度在逐渐加大,这对维护国家的稳定有一定的积极作用。

魏晋南北朝统治者之所以能够采取一些社会保障措施来扶弱救贫,这

---

① 《三国志》卷2《魏书·文帝传》。
② 《晋书》卷3《武帝纪》。
③ 《宋书》卷6《孝武帝纪》。
④ 《南齐书》卷6《明帝纪》。
⑤ 《南齐书》卷2《高帝纪》。

不是偶然的,而是有其深刻的历史渊源和思想基础。魏晋南北朝社会保障的思想渊源主要有儒家的仁政思想、中国古代的天命思想、佛教的慈悲思想。

第一,儒家的仁政思想。"仁"是儒家学说的核心内容。孔子倡导的"仁",内涵丰富,在不同的场合可以有多种解释,但"爱人"是"仁"的基本出发点。以此为基础,孔子主张"养民也惠",即要求统治者施行惠民政策。孟子继承并发展了孔子的"仁"说,把"仁"当作基本的政治范畴和道德规范,并因而把施行仁政提到极其重要的地位。孟子的仁政包括"老吾老以及人之老,幼吾幼以及人之幼"。作为君主,特别是当子民遭受灾害的侵袭时,就必须大力实施赈灾济荒、养孤恤贫之政,以表示"父慈、母爱式的人道主义关怀"。社会保障正是君主实行"仁政"和地方长官表达"仁心"的体现。

第二,中国古代的天命思想。魏晋南北朝时期,由于生产力相对低下,统治者对于各种天灾人祸缺乏深刻的认识,因而在面对灾荒时的一些保障救助措施也无不受到天命主义的思想影响。他们认为人间的一切灾害饥荒,都是上天有意降临到人间来惩罚人类的,并告诫统治者要知"异"而"思变",积极采取措施救济灾民,反思朝政得失,弥补自己过失。如北魏正始元年(504年)六月癸巳,京师等地发生旱灾,宣武帝下诏自责:"朕以匪德,政刑多舛,阳旱历旬,京甸枯瘁,在予之责,凤宵疚怀。"并要求有关官吏做好六项善政,其中一项即为"鳏寡困穷,在所存恤"①。

第三,佛教的慈悲思想。公元1世纪,佛教传入中国。由于得到统治者的支持,佛教开始由宫廷流向民间,并得以广泛传播,逐渐形成中国佛教发展的第一个高潮。

佛教教义极为复杂,内容十分丰富。慈悲观是佛教教义的核心,同时也是佛教慈善渊源中最重要的内容。《大智度论》云:"大慈,与一切众生乐;大悲,拔一切众生苦。"慈心是希望他人得到快乐,慈行是帮助他人得到快乐;悲心是希望他人解除痛苦,悲行是帮助他人解除痛苦。佛教这种利他主义道德观使许多信徒深怀大慈大悲之心,把赈济、养老、育婴、医疗等救济事业看成是慈悲之心的外化表现。同时,又时时以"慈悲喜舍"的四无量心善待众生,广行善举,求得菩提的佑护。正是基于此,佛教在各种社会保障活动中起着非常重要的作用。

---

① 《魏书》卷8《世宗宣武帝纪》。

第三节 遣使赈灾

遣使赈灾,是指当重大灾害发生时,朝廷向灾区派遣重要使臣,巡察灾情,并根据具体情况采取积极有效的救灾措施的活动。此制早在秦汉时就已经存在,如东汉元初六年四月"会稽大疫,遣光禄大夫将太医循行疾病,赐棺木"①。魏晋南北朝时期,灾害发生频繁,为最大限度地减轻灾害所引发的不良后果,诸政权继承并发扬这一传统,实施了更为有效的遣使救灾机制,这种制度对社会秩序的稳定起到了重大作用。

一、魏晋南北朝时期政府遣使活动频繁

魏晋南北朝是历史上自然灾害多发时期,对此邓云特在《中国灾荒史》上有较为全面的述说:"终魏晋之世,黄河长江两流域间,连岁凶灾,几无一年或断,总计二百年中,遇灾凡三百零四次,其频度之密,远逾前代。"这一时期自然灾害不仅次数多,而且受灾重。史载,"孝武帝大明七年、八年,东诸郡大旱,民饥死者十六七"②。

面对频繁而又严重的自然灾害,为稳定社会秩序,恢复生产,各朝廷非常重视灾情的救助。中央政府不断向各地派遣使臣,代表皇帝巡检各地的救灾状况,督促并参与部署一系列的救灾措施。有关事例频频见诸史籍,如曹魏黄初三年秋七月,"冀州大蝗,民饥,使尚书杜畿持节开仓廪以赈之"③;"元嘉五年,京邑大水,乙卯,遣使检行赈赡……元嘉八年,扬州旱。己巳,遣侍御使省狱讼,申调役"④;"(大明元年)夏四月,京邑疾疫,丙申,遣使按行,赐给医药……(大明八年)东诸郡大旱,壬寅,遣使开仓贷恤"⑤;"(泰始三

---

① 《后汉书》卷5《孝安帝纪》。
② 《宋书》卷31《五行志二》。
③ 《三国志》卷2《文帝纪》。
④ 《宋书》卷5《文帝纪》。
⑤ 《宋书》卷6《孝武帝纪》。

年)京师大雨雪,遣使巡行,赈赐各有差"①。由此可见,刘宋时期遣使救灾事例甚为繁多。

在北朝,遣使活动也很频繁。如北魏太祖天兴二年(399年),"秋七月,陈郡、河南流民万余口内徙,遣使者存劳之"②;高祖太和六年(482年)八月,"分遣大使巡行天下,遭水之处,丐其租赋,贫俭不自存者,赐以粟帛";太和十一年(487年),"夏七月,诏今年谷不登,听人出关就食,遣使者造籍,分遣去留,所在开仓赈恤"③。又如世宗景明元年(500年),"五月甲寅,以北镇大饥,遣兼侍中杨播巡抚赈恤";世宗永平元年(508年),"三月丙午,以去年旱俭,遣使者所在赒恤"④。总之,魏晋南北朝时期,各政权为对付频发的自然灾害,向灾区派遣救灾使臣的次数已是非常频繁,从某种意义上说,该时期的遣使救灾活动已发展演变为一种应付灾害的机制。

二、魏晋南北朝时期救灾使臣职责明确

面对严重的自然灾害,统治者为了维护封建统治,安定社会秩序,缓和阶级矛盾,常常会派遣使者勘察灾情,配合地方政府实施救援。这些救灾使臣出使地方,代表的是中央的权威,在地方享有崇高的地位,受到地方官的普遍尊重。他们到达灾区后,主要采取以下措施来行使自己的职责。

(一)了解灾情

政府救灾最关键的是要把握受灾的实际情况,只有这样,才能制定详细的救灾措施,在救灾过程中发挥其主导作用。魏晋南北朝时期,每当灾害发生,中央政府对于灾情的了解很大程度上依赖于地方长官的汇报,而汇报的内容常常因为一些意外的原因会严重不实。为此,救灾使臣的第一项职责就是"检行"。如北魏太宗泰常二年(417年)春二月,诏曰:"九州之民,……或有贫穷失农务者。其遣使者巡行天下,省诸州,观民风俗,问民疾苦。"⑤所以,救灾使臣到达地方后,需要深入实地,实际查看当地灾情、了解受灾的范围、灾民人数和受灾田亩的数量,评估受灾地区灾害损失,协助地方官吏制定灾害救治过程中的银两款项、粮食数额以及灾后对地方减免赋税的条陈,然后上报中央,以供最高统治者制定具体、合理的救灾措施。如北魏世宗延

---

① 《宋书》卷8《明帝纪》。
② 《魏书》卷2《太祖纪》。
③ 《北史》卷3《高祖纪》。
④ 《魏书》卷8《世宗纪》。
⑤ 《魏书》卷3《太宗纪》。

昌元年(512年),夏四月,诏曰:"去岁水灾,今春炎旱,百姓饥馁,……尚书可严勒诸州,量民资产,明加检校,以救艰弊。"①

(二)安抚灾民

凡大灾大疫来临之际,灾民往往会遭到生理和心理的双重打击。在这种情况下,灾民就会产生恐惧、悲伤、压抑等情绪。这些从现代心理学角度来看,属于灾民意识,即"灾害发生前后出现的、以灾害心理中的消极因素为内容的、关于灾害的情感、意识和观念的综合表现"②。灾民意识不仅表现为消极的精神状态,而且还会出现一些社会规范无法约束的一些反常越轨行为。如孝武帝大明八年(464年)所发生的一次大饥荒,致使"人食草木皮叶,亲属互相贩鬻,劫掠蜂起,死者不可胜数"③。这种灾民意识常常会扰乱社会正常的生活秩序。针对这种现状,魏晋南北朝诸政权纷纷派遣救灾使臣,代表皇帝巡行灾区,将朝廷的赈救政策传达给灾民,体现皇帝对灾民的关爱,通过精神抚慰,树立灾民的生活信心,借以达到稳定灾民情绪、维持灾后社会秩序的目的。如北魏太祖天兴二年(399年),"秋七月,陈郡、河南流民万余口内徙,遣使者存劳之"④。又如北魏太宗永兴元年(409年),因频繁发生水旱灾害,明元帝"诏郑兵将军、山阳侯奚斤巡行诸州,问民疾苦,抚恤穷乏"⑤。虽然诏令中遣使巡慰的内容有些宽泛,但它至少将朝廷的灾后赈恤政策传达给灾民,体现了皇帝对灾民的关爱、对臣民的仁人之心。

(三)督察地方官吏

魏晋南北朝时期,救灾使臣代表中央参与地方救灾,不仅仅是带来中央对灾区的救济物资和政策,而且代表中央督促地方官吏积极救灾,使朝廷各项救灾政策贯彻落实得更加彻底。同时查看地方官吏在救灾中的表现,将那些政绩突出或玩忽职守的官吏上奏朝廷,以便朝廷能赏善除恶、明正典法。据史料记载,北魏太安五年(459年),文成帝就曾下令在救灾过程中严肃吏治,"若典司之官,分职不均,使上恩不达于下,下民不赡于时,加以重

---

① 《魏书》卷8《世宗纪》。
② 王子平:《灾害社会学》,湖南人民出版社1998年版。
③ 《魏书》卷97《岛夷刘裕传附劭弟骏传》。
④ 《魏书》卷2《太祖纪》。
⑤ 《魏书》卷3《太宗纪》。

罪,无有攸纵"①。北魏世宗、肃宗也分别在灾后下诏进升"贤良谠直"②,罢黜"贪残佞谀"③。

另外,救灾使臣到达地方后,还代表中央政府对当地吏治进行考察。他们巡行乡里民间,监察人民冤苦、官吏善恶,查看受灾地方民之生计、官之吏治,疏理地方刑政,从而掌握褒贬官吏、整理狱讼、减免囚徒刑罚的司法权。如北魏太宗永兴三年(411年)春二月,"诏北新侯安同等持节循行并、定二州,及诸山居杂胡、丁零,问其疾苦,察举守宰不法;其冤穷失职、强弱相陵、孤寒不能自存者,各以事闻"。北魏太宗泰常二年(417年)春二月,诏曰:"九州之民,……或有贫穷失农务者。其遣使者巡行天下,省诸州,观民风俗,问民疾苦,察守宰治行。"④又如宋文帝元嘉八年(431年),"扬州旱。己巳,遣御史省狱讼,申调役"⑤。使臣一方面将地方真实灾情反馈中央,另一方面监督地方救灾赈给,同时还按察吏治刑政,了解地方疾苦,及时解决矛盾,协调各方面关系,由此可见,使臣在救灾中的作用之大。

总之,负有宣慰、赈给、督察等功能的救灾专使在参与地方灾害救助过程中起到了有效的组织协调作用,将朝廷的安抚、赈恤与监察等几个环节连接起来,成为在灾害情况下联系国家和地方的纽带,有助于及时向朝廷反映灾情,安抚灾区百姓,监察指导地方适时赈给,尽快恢复灾后农业生产。遣使救灾机制也在其不断的实施过程中,逐步发展成为一种应付重大自然灾害的有效机制。

三、魏晋南北朝时期遣使赈灾的社会影响

(一)稳定了社会秩序

大灾过后,若救治不力,最直接的后果就是引起社会的躁动与不安,甚至引发农民起义。因此,魏晋南北朝时期,救灾使臣代表最高统治者参与地方救灾,体现的是中央政权对受灾民众的关注和爱护,这样会在一定程度上减少灾民对中央政权的不满和仇视,有利于缓和阶级矛盾,稳定统治秩序。如北魏高祖太和六年(482年),孝文帝下诏曰:"朕以寡薄,政缺平和,不能

---

① 《魏书》卷5《高宗纪》。
② 《魏书》卷9《肃宗纪》。
③ 《魏书》卷8《世宗纪》。
④ 《魏书》卷3《太宗纪》。
⑤ 《宋书》卷5《文帝纪》。

仰缉纬象,蠲兹六沴。去秋淫雨,洪水为灾,百姓嗷然,朕用嗟恻,故遣使者循方赈恤。"①另外,救灾使臣到地方后,督察民之冤苦、官吏之善恶,并整理狱讼、减免囚徒等,这些措施对缓和社会矛盾、巩固国家的政权极其有利。

(二)促进灾后农业生产的恢复

在农业社会中,重农政策历来是统治者的固国之本,而自然灾害的发生对于农业生产来说危害极大,在一定程度上给国家和人民造成了重大损失。所以,魏晋南北朝诸政权对灾后农业生产的恢复十分重视。每当水旱灾害发生,中央政府往往派遣救灾使臣组织灾区民众整顿农田、兴修水利。据《魏书》卷7《高祖纪下》载,北魏太和十二年(488年),孝文帝"诏六镇、云中、河西及关内六郡,各修水田,通渠灌溉"。又如北魏太和十三年(489年),"诏诸州镇有水田之处,各通溉灌,遣匠者所在指授"②。对于地震、疫情等,政府则会派遣使臣遣医送药。如北魏世宗延昌元年(512年),夏四月,肆州发生地震,震后陷裂造成民众伤亡很大,宣武帝就曾下诏:"可遣太医、折伤医,并给所需之药,就治之。"③总之,统治者通过这些救助措施,可以在较短的时间内恢复当地生产,同时也可以促进灾后农业的发展。

(三)有利于统治者调整统治政策

魏晋南北朝时期,救灾使臣将自己在地方上的所见所闻上报朝廷,这使中央能较全面地掌握地方民众的生活现状、官员的吏治情况,以便从中发现自身在当政过程中的得失。这一时期,统治者会不时地向群臣广泛征求利国利民之策,以调整统治策略,兴利除害,造福百姓。据《魏书》卷7《高祖纪下》载,北魏太和十一年,令"公卿内外股肱之臣,谋献所寄,其极言无隐,以救民瘼"。太和十二年,"诏群臣求安民之术"④。这一时期,统治者出台和实施的一系列利国利民政策,如移民就粟、减免赋税、劝课农桑、兴修水利等,在某种程度上与赈灾使臣们的地方巡察反映分不开。

总之,魏晋南北朝时期,统治者向灾区频繁派遣使臣,一方面体现了国家在救灾活动中的主体地位,另一方面也体现了中央对地方救灾工作的重视。在救灾过程中,这些使臣代表中央,不仅注重对灾民物质方面的赈济,而且重视精神方面的抚慰,从而对该时期的社会稳定以及政令的贯彻实施

---

① 《北史》卷3《高祖纪》。
② 《魏书》卷7《高祖纪下》。
③ 《魏书》卷8《世宗纪》。
④ 《魏书》卷110《食货志》。

都产生了较为积极的影响。但不可否认,遣使赈灾在实行过程中也暴露了一些弊端。如救灾使臣代表中央,在巡视地方过程中,其仪仗、随从的花费以及地方官员的迎来送往,在一定程度上不可避免会增加国家和地方的财政支出。另外,救灾使臣往往不如地方官了解灾情,所以在救灾前期,他们会进行一系列的巡察,这在一定程度上浪费大量的人力和时间,有时会影响地方救灾的进度。尽管如此,遣使救灾机制的运行和实施,不仅对魏晋南北朝各王朝的灾害救治起到了积极有效的作用,而且对该时期的经济、政治生活产生了积极影响。

第四节 安置流民

魏晋南北朝时期,由于长期战乱,百姓流离失所,辗转他乡。统治者竭心尽虑,采取种种措施预防流民产生,流民产生后又采用安抚、镇压两面手法,努力使流民重新安定在土地上。这些举措不仅在一定程度上纾缓了流民的悲惨命运,而且缓和了阶级矛盾,有利于维护封建统治。

一、魏晋南北朝时期流民潮产生的原因

所谓流民是指"因自然灾害或战乱而流亡在外,生活没有着落的人"[①]。王家范先生进一步认为:"流民就是脱离社会整合,丧失其原有职业和社会角色,游离于法定的户籍管理之外的人口。"[②]流民现象是困扰中国古代历代统治者的一个严重的社会问题。魏晋南北朝由于战乱频仍,天灾不断,致使生灵涂炭,流民潮不断涌现。据《晋书》卷26《食货志》所载:"惠帝之后,政教凌夷,至于永嘉,丧乱弥甚。雍州以东,人多饥乏,更相鬻卖,奔进流移,不可胜数。"各地民户,"流移四散,十不存二,携老扶弱,不绝于路。及其在者,鬻卖妻子,生相捐弃,死亡委危,白骨横野,哀呼之声,感伤和气"[③]。以致时

[①] 辞海编辑委员会:《辞海》,上海辞书出版社1980年版。
[②] 王家范:《中国古代的流民问题》,《探索与争鸣》,1994年第5期,第17页。
[③] 《晋书》卷62《刘琨传》。

隔百年,后人忆及这段情节,仍不禁为之耸容。那么,导致这一时期流民问题格外突出的原因是什么?概括起来主要有以下几点。

(一)自然灾害是导致流民出现的直接原因

魏晋南北朝是中国历史上自然灾害多发时期,对此邓云特在《中国灾荒史》上有较为全面的述说:"终魏晋之世,黄河长江两流域间,连岁凶灾,几无一年或断,总计二百年中,遇灾凡三百零四次,其频度之密,远逾前代。"这一时期自然灾害不仅次数多,而且情况严重。如怀帝年间的大旱,竟然"江汉河洛皆竭可涉"①;咸康元年大旱,"会稽余姚尤甚,米斗五百价,人相卖"②;宋孝武帝时,"东境偏旱,田亩失收",致使"下穷流冗,顿伏街巷"③。在北朝,自然灾害不仅发生频繁,而且规模大。如北魏高祖延兴三年(473年),"州镇十一水旱,……相州人饿死者二千八百四十五人"④;北魏世宗景明二年(501年),春三月,"青、齐、徐、兖四州大饥,人死者万余口"⑤;北魏世宗永平三年(510年),夏四月,"平阳郡之禽昌、襄陵二县大疫,自正月至此月,死者二千七百三十人"⑥;北魏肃宗神龟元年(518年),春正月,"幽州大饥,民死者三千七百九十九人"⑦。频繁的自然灾害使成千上万的灾民背井离乡,流离失所,从而导致流民潮出现。

(二)社会因素是造成流民出现的重要原因

西汉鲍宣曾概括地分析流民产生的七种原因,他认为"凡民有七亡:阴阳不和,水旱为灾,一亡也;县官重责,更赋租税,二亡也;贪吏并公,受取不已,三亡也;豪强大姓,蚕食无厌,四亡也;苛吏徭役,失农桑时,五亡也;部落鼓鸣,男女遮,六亡也;盗贼劫略,取民财物,七亡也"⑧。自然灾害虽凶险,但如果政治清明,赈济措施得力,也不一定酿成民流大祸。魏晋南北朝时期大量流民出现,除了与自然灾害有关外,而由种种社会因素促发的流民,其数量往往更巨大,影响更深远。造成这一时期流民潮涌现的社会因素有以下

---

① 《晋书》卷5《怀帝纪》。
② 《晋书》卷7《成帝纪》。
③ 《宋书》卷6《孝武帝纪》。
④ 《北史》卷3《高祖纪》。
⑤ 《北史》卷4《世宗纪》。
⑥ 《魏书》卷8《世宗纪》。
⑦ 《魏书》卷9《肃宗纪》。
⑧ 《汉书》卷72《鲍宣传》。

几方面。

1. 战乱使农民被迫迁徙

魏晋南北朝时期,虽然出现过西晋的短暂统一,但从总体上来说,分裂始终处于时代的主导地位。东汉末年,军阀割据。"自晋以后,初则有八王之乱,不断杀戮者达六年之久;继复有桓温、苏峻、桓玄等之乱,兵革未休,而南北朝之对立,战事踵接更无宁日"①。频繁战争使广大农民被迫辗转他乡。如建安十八年(213年),曹操与孙权相持不下后北归,"恐江滨郡县为(孙)权所略,征令内移。民转相惊,自庐山、九江、蕲春、广陵户十余万皆东渡江,江西遂虚,合肥以南惟有皖城"②。黄武三年(226年)春,孙权面对"军兴日久,民离农畔,父子夫妇不能相恤"的情形,不由叹道"孤甚愍之"③。又据《晋书·慕容廆载记》载,渤海大族高瞻,"属永嘉之乱,还乡里,乃与父老议曰:'今皇纲不振,兵革云扰,此郡沃壤,凭固河海,若兵荒岁俭,必为寇庭,非谓图安之所。'"于是,"乃与叔父隐率数千家北徙幽州"④。

2. 赋役沉重使农民外出逃亡

魏晋南北朝时期,由于长期分裂和战乱,朝代更替频繁,加上高门士族及其各类依附人口不服役、不纳税,因而贫苦农民的赋役负担特别严重。当时,除租调之外,农民还有各种杂税、杂调,有时还要预征数年的租调。西晋曾把服役年龄改为13岁为半役,16岁为全役,南朝还有役使女丁的记载。农民为了逃避赋役,大多采取逃亡的方法做斗争。有的逃向深山海际,有的逃入寺院为尼,有的投靠士族豪强,更多地便是沦为流民。史载,东晋"咸安(371—372年)已来,十分去三"⑤。梁代农民逃亡最为严重,史称:"天下户口,几亡其半。"⑥十六国北朝各政权清查荫户,共括出16万余户,750万余口。可见,北方农民逃亡同样严重。

3. 土地兼并使自耕小农沦为流民

在以农业为主的中国古代社会,土地既是生民之本,也是立国之本。魏晋南北朝时期,土地兼并严重,史载"自南朝宋、齐以下,大土地所有者已经

---

① 邓云特:《中国救荒史》,上海书店出版社1984年版。
② 《三国志》卷47《吴书·吴主传》。
③ 《三国会要》卷28《民政·赈恤》。
④ 《晋书》卷108《慕容廆载记附高瞻载记》。
⑤ 《晋书》卷69《刘隗传附刘波传》。
⑥ 《南史》卷70《郭祖深传》。

霸占了任何一个农民有权租入的公地"①。另外，大地主还霸占山川林泽。如东晋宰相谢安一家在会稽、吴兴、琅邪三郡广置田产，到了谢混时有"田业十余处，僮仆千人"②。兼并的结果是"富者有弥望之田，贫者无立锥之地"，由此又引发一系列相关问题：一是占有大土地的豪民采取各种手段逃避赋税、徭役，造成农民负担沉重；二是大量农民失去土地，沦为四处辗转就食的流民，生活毫无保证。

4. 人地矛盾引发新的流民出现

晋惠帝元康年间(291—299 年)，关中发生瘟疫饥荒，天水、略阳等六郡流民十余万人，成群结队地向梁州(今陕西省南部)、益州(今四川省境内)等地涌进。流民进入益州后，分散在各地为地主佣耕，或开荒种地。数万家秦、雍流民入巴蜀，给当地社会带来压力和冲击，特别是"流人之多旧土十倍有余，人殷地狭，故无田者十有四焉"③。这种"主弱客强"的局面，迫使梁、益土著居民十分之九流徙荆、湘之地，成为新的流民。

5. 为反抗暴政流亡他乡

李特在四川起义后，西晋政府征发荆州地区百姓前往益州镇压。诏书是太安二年(303 年)三月九日发出的，这一天按古代天干地支记日是壬午，所以征发的兵就叫"壬午兵"。他们原是政府荆州民户，"人咸不乐西征，(张)昌党因之诳惑，百姓各不肯去。而诏书催遣严速，所经之界停留五日者，二千石免。由是郡县官长皆躬出驱逐，辗转不远，屯聚而为劫掠"④。

6. 迁徙地的优越条件吸引人口流入

西北、东北和南方地区除具备地广人稀的客观条件外，当地统治者还注重"刑政修明，虚怀引纳"。由于安置措施得当，在一定程度上也刺激了人口流入，形成了"流亡士庶，多襁负归之"⑤的局面。另外，先期到达迁徙地的流民有时通过信息沟通，对依然滞留在家乡的人口也存在着社会心理的暗示和诱导作用。如《晋书》卷104《石勒载记》："司、冀、并兖州流人数万户在于辽西，迭相招引，人不安业。"

---

① 王仲荦：《魏晋南北朝史》，中华书局 2004 年版。
② 《南史》卷 27《孔靖传附子灵符传》。
③ 《晋书》卷 109《慕容皝载记》。
④ 《晋书》卷 100《张昌传》。
⑤ 《晋书》卷 108《慕容廆载记》。

二、魏晋南北朝时期流民的社会影响

魏晋南北朝之际,流民问题最严重的当属两晋。有学者在深入研究了两晋流民潮后,曾概括出如下特点:一是"地域范围大"。西晋平吴后,将全国划为十九州,后增至二十一州。除广州地处偏远,史籍失载外,其余二十州都有流民潮出现。当时司、豫、雍、兖、青、徐、冀、并、秦、幽十州是这一时期的主要人口输出地,而荆、扬、江、梁、益、湘、交、宁等则是人口主要接纳地,其中以荆、扬、江三州收容人口最多。有资料显示,从西晋末年到刘宋中叶,"南方共接纳北方汉族人口90多万,占司、豫、冀、青、徐、并、兖、雍、北方八州900万人口的十分之一"①。二是"裹挟人数多"。西晋"八王之乱"爆发后,陕西、甘肃流入四川、河南约10万户;山西流入河南约30万人;河北流入山东、河南约5万余人;四川流入湖南、湖北约10万余户。还有向辽东、河西、云南等边远地区流动的。总共迁徙的约有30万户,占西晋全国总户数(377万)的十二分之一强。三是"延续时间长"。两晋流民潮始兴于惠帝元康八年(298年)至东晋孝武帝太元八年(384年),历时86载。其后又时起时伏,北方绵延至北魏统一后才逐渐平息。而在南方,宋文帝元嘉二十七年(450年)、宋明帝泰始年间(465—471年),都曾遭受过流民浪潮的冲击。

陈寅恪先生指出:"两晋南北朝三百年来的大变动,可以说就是由人口的大流动、大迁徙问题引起。"②魏晋南北朝的流民对当时的社会产生了重大影响。

(一)造成人口和社会财富的损失

流民是封建社会稳定与否的晴雨表。大量流民的出现,直接破坏了社会简单再生产。两晋之际,30万户、150万口的流民大军从当时中国经济最发达、文化最先进的关中、山东地区流出,严重地消耗了这两个地区长期建设所积聚起来的物质文明,损伤了社会元气。据《晋书》卷109《慕容皝载记》载:"自永嘉丧乱,百姓流亡,中原萧条,千里无烟,饥寒流陨,相继沟壑。"永嘉战火,不但毁坏了中原地区的物质文明,而且还摧残了素称发达的汉族先进文化。汉族流民的北上、西进和南下,其中夹带着许多幸存下来的具有家世之学的名士和知识分子,虽然他们有向侨居地传播先进学术文化之功,但是毕竟因为他们的流失和大量死亡,使千百年所凝聚起来的精神文明成

---

① 郑师渠:《中国文化通史·魏晋南北朝卷》,北京师范大学出版社2009年版。
② 万绳楠:《陈寅恪魏晋南北朝史讲演录》,黄山书社1987年版。

果在其家园几乎损失殆尽。山东、关中地区的社会元气大伤,社会自我调整机能大为减弱,社会呈现退化和滑坡的趋向,在全国的重心地位开始逐渐衰落。①

(二)加剧了社会动乱

在以农业为本的中国古代,把农民附着在土地上是维系社会稳定的基本条件。大批流民由天灾人祸而起,反过来又加剧了社会的混乱。流民到新的地区后,受当地地主豪强的压迫剥削,与当地人民也会发生主客矛盾,往往造成起义。如永嘉三年(309年),颍川等郡的并州流民几万家,反抗地方恶霸的虐待,攻城杀官;南阳的雍州流民由王如率领起兵;巴蜀流民在荆襄二州受到地主的压迫,于永嘉四年(310年)起义暴动,流民推举醴陵县令成都人杜弢为领袖,攻下湘南各郡,战斗一直延续到建兴三年(315年)。最引人注目的是永宁六年(301年)李特领导的流民大起义,这些起义表现出来的流民摧枯拉朽的力量,无不令统治者心惊胆战、惶惶不安,国家政权也处于岌岌可危的境地。

(三)改变了局部地区的政权结构

孙吴时期,南方最高统治集团虽然也包括江北的南渡大族,但是江南土著大族始终占据着政权的核心位置。西晋末年北方流民的南下,改变了这一构成。早在东晋初年,江南的统治者就注意到了流民的力量,据《晋书》卷65《王导传》载:"俄而洛京倾覆,中州士女避乱江左者十六七,导劝帝收其贤人君子,与之图事。"南渡人口的上层分子大多是中原高门士族,他们原是西晋中央政府的高级官吏,南下后仍掌握着部分国家军队和私人部曲。通过这种拉拢,使得流民特别是流民中的上层在东晋南朝的政权中势力逐渐走向显赫。陈寅恪先生指出:"宋、齐、梁三朝的建立者都是住在晋陵郡的江淮以北流民的子孙。宋武帝刘裕是北府兵的将领,以打倒桓玄起家。他所依靠的力量正是北府兵。齐高帝萧道成和梁武帝萧衍原籍为东海郡兰陵县,萧道成的高祖淮阴令整,'过江居晋陵武进县之东城里,寓居江左者,皆侨置本土,加以南名,更为南兰陵人也'。萧衍为南兰陵中都里人,其父萧顺之为萧道成的族弟。刘裕、萧道成、萧衍的先后称帝,表示晋朝由中州一流文化士族所独占的皇权,到南朝转入了次等士族即拥有武力的淮北流民集团

---

① 龚书铎:《中国社会通史·秦汉魏晋南北朝卷》,山西教育出版社1996年版。

之手。"①

三、魏晋南北朝时期安置流民的措施

魏晋南北朝时期由于战乱频繁,天灾不断,致使生灵涂炭,流民潮不断涌现,严重动摇了封建统治基础。魏晋统治者为了维护统治,千方百计地解决流民问题。

第一,遣民回乡。流民在天灾人祸时被迫流亡四方,一旦故乡灾情减退,有许多人就想回到故土。统治阶级深谙流民的这种习性,对那些流亡在外的人往往会因势利导,让他们早回故乡。如金城太守苏则,"与民分粮而食,旬月之间,流民皆归,得数千家"②;扬州刺史刘馥为政以恩化为主,"流民越江山而归者以万数"③。另外,政府还通过借贷粮食、耕牛及免税等方式,使回乡流民拥有最基本的生产资料,安心从事农耕生产。如成帝咸和四年(329年)诏令"复遭贼郡县租税三年"④;穆帝永和元年(345年)皇太后诏"今百姓劳弊……及岁常调非军国要急者,业宜停之"⑤;宋武帝也下令"彭城桑梓本乡,加隆彼在,优复之制,宜同丰、沛。其沛郡、下邳可复租布三十年"⑥。政府的恤民政策,不仅在一定程度上缓解了流民的痛苦,而且对维护正常的社会秩序也产生了积极作用。

第二,徕民垦田。这种做法以曹魏政权实行的屯田制最为典型。曹操为了解决军粮问题,吸取两汉边疆屯田的经验,于196年开始在许下实行民屯。第二年,曹操又下令把民屯推广到其他地区。当时民屯上的生产者,就是曹魏政权通过招募和强制迁移而来的流民。流民在政府的强制下,成为政府的依附民,并与土地相结合,使荒芜无主的土地得到了开垦,解决了军粮的匮乏。而这种安置又使社会上的众多无家可归者有了安身立命之业。史载,魏明帝时徐邈为凉州刺史,"土地少雨,常苦乏谷。邈上修武威、酒泉盐池,以收虏谷。又广开水田,募贫民佃之,家家丰足,仓库盈溢"⑦。东晋之

---

① 万绳楠:《陈寅恪魏晋南北朝史讲演录》,黄山书社1987年版。
② 《三国志》卷16《魏书·苏则传》。
③ 《三国志》卷15《魏书·刘馥传》。
④ 《晋书》卷7《成帝纪》。
⑤ 《晋书》卷8《穆帝纪》。
⑥ 《宋书》卷3《武帝纪下》。
⑦ 《晋书》卷26《食货志》。

时"以三吴之流人,垦江西之旷土,成绩亦著"①。

第三,附籍安插。在以农立国的古代社会,最大限度地占有并尽可能地管理和使用人民,历来都为统治者所关注。西晋灭亡后,北方人民大批流移到南方。这些南下的人们,起初都不上国家户籍。后来,东晋政府为了维护封建统治秩序,便在流民集中的地方,用他们原籍的名称,侨置州、郡、县,进行管理。据《宋书》卷35《州郡志一》载:"晋永嘉大乱,幽、冀、青、并、兖州及徐州之淮北流民,相率过淮,亦有过江在晋陵郡界者。晋成帝咸和四年,司空郗鉴又徙流民之在淮南者于晋陵诸县,其徙过江南及留在江北者,并立侨郡县以司牧之。"当时在江北侨置了幽、冀、青、并等州,在江南京口侨置了南徐州。另外,在芜湖还侨置了南豫州,史载,"晋成帝咸和四年,侨立豫州,庾亮为刺史,治芜湖"②。东晋侨立郡县的目的,是将南徙人口尽快安置下来,以防酿成新的流民起义,而附籍安插、优待侨民的一些措施,也使北方流民不再辗转迁移,能够从事各项生产活动,在一定程度上起了安定人心的作用。

第四,实行土断。东晋在侨置郡县时,政府将流民注入了白籍,白籍是不纳税不服役的空虚户口的版籍。但对境内的土著居民仍沿用西晋的户籍制度,把民户登记在黄籍上,政府凭此来征收赋税徭役。随着时间的推移,这些北方流民开始"人安其业,丘垄墓柏,皆已成行,虽无本邦之名,而有安土之实"③,但他们仍旧不纳税、不服徭役,严重影响国家财政收入。为了整顿户籍,把侨民、流民编成为编户,将其束缚于国家土地上,以增加政府领户,扩大国家的租税徭役收入,同时也为了和世家大族争夺劳动力,东晋南朝政府一再实行土断。所谓土断,就是"以土为断",即把侨州郡县的居民变成土著居民,按其居住地区认定新的籍贯,把白籍并入黄籍。东晋南朝最著名的一次土断是东晋哀帝兴宁二年(364年)的"庚戌土断"。这次土断是在桓温主持下实行的,令西北士民侨寓东南者,以所在土著为断,把户口编入所在郡县。严禁挟藏户口,犯者严惩不贷。对于那些隐匿户口的世家大族,给以沉重打击。如彭城王司马玄,因为藏匿五户,被桓温送付廷尉严惩。由于执行时较强硬,许多隐匿人口被检获出来,如王彪之为会稽内史时,"亡户归者三万余口"④。经过这次土断,许多"亡户"开始成为国家的编户齐民,他

---

① 邓云特:《中国救荒史》,上海书店出版社1984年版。
② 《宋书》卷36《州郡志二》。
③ 《晋书》卷75《范汪传附子宁传》。
④ 《晋书》卷76《王彪之传》。

们向国家交纳税收,使政府的财政收入增多,东晋出现了"财阜国丰"的局面。另外,土断的实行,改善了南方汉族政权在南北对峙中的地位,消除了南北户籍的界限,从而加速了南北汉族人民的融合,自此许多侨人后裔便自认为是南人了。

以上这些正面性的举措体现了统治者对流民一定程度的关心、抚恤,对于陷入缺衣少食、进退两难境地的流民来说,无疑起到一些苟延生命的效果。但另一方面,历史上统治者为了维护正常的社会秩序,又常常对灾民实行禁止流亡政策,力图把人民禁锢在一方土地上,甚至制定严苛的法令,采取严厉的措施,威慑流亡人民。如西晋初年政府规定,家长"是逃亡之主,斩之","举家逃亡,家长斩"①。西晋王澄捕捉流民后,"沉八千余人于江中"②。湘州刺史荀眺也是"欲尽诛流人"③。这些史料真实地反映了当时流民境遇的悲惨。

第五节　社会养老

魏晋南北朝在中国封建社会中是一个颇为特殊的历史时期。门阀士族统治成这个历史时期突出的时代特征。门阀的发生、发展、鼎盛以及衰落与社会的政治、经济诸方面关系一直是人们探研这段历史的主题。有关研究的成果提供给了人们对门阀统治阶级一个较为全面的认识。相比之下,对宗族家庭等社会群体的研究则较为薄弱。两晋南北朝时期,社会上盛行"尊老养老"之风。大量文献记载足以说明此时"尊老养老"之风的普遍性和社会性。通过对门阀统治这个时代大背景下社会中的养老与尊老问题做一初步探讨,旨在从社会生活这个角度对门阀社会和门阀统治阶级提供一个认识层面。

---

① 《晋书》卷30《刑法志》。
② 《晋书》卷43《王澄传》。
③ 《晋书》卷100《杜弢传》。

一、魏晋南北朝时期统治阶级对孝的提倡

"孝"作为道德精神,在人类历史上普遍存在;作为社会规范,则因各民族社会形态不同而存在很大差异。中华民族以农立国,农耕的生产、生活方式决定了社会的组织形式,同时也决定了这种社会组织的浓厚宗法性质。家庭是社会的雏形和基础,父之于家如同君之于国,因此特别重血统、敬祖宗,这就决定了"孝"在我们民族生活中的特殊地位。

按照中国古代儒家的传统观念,"孝"有两个方面的含义:其一是养老,即"善事父母",如《尔雅》云:"善事父母曰孝。"《说文解字》"老部"云:"孝,善事父母者。从老省,从子,子承老也。"《礼记·祭统》云:"孝者,畜也。顺于道,不逆于伦,是之为畜。"可见赡养父母是孝的基本内容。其二是尊敬父母,如《论语·为政》云:"今之孝者,是为能养。至于犬马,皆能有养,不敬,何以别乎?"《孟子·万章上》云:"孝子之至,莫大于尊亲。"可见尊老敬老是孝的更高层次的要求。

魏晋南北朝是一个朝代更替频繁的历史时期。统治者历仕两朝或数朝,故而不敢言忠,而是倡导以孝治天下。嘉平六年(254年)司马师以"无复母子恩"[①]为由,逼太后下诏,以不孝的罪名废了齐王曹芳。"竹林七贤"之一的嵇康,因为他的朋友吕安被诬为"不孝"而受株连,被司马昭所杀。鲁迅先生曾一针见血地指出:这一"罪案和曹操的杀孔融差不多。魏晋,是以孝治天下的。不孝,故不能不杀"[②]。与之相反,蜀地人士李密,在蜀亡之后被征为太子洗马,他不愿赴任,便打出"孝"的旗帜。他在《陈情表》中,绝口不谈自己忠于故国,而称自己孤苦伶仃,唯与祖母相依为命,故乞求等奉养祖母以终天年,然后再赴朝廷效力,先尽孝而后尽忠。其语气恳切,文笔委婉,终于瞒过了司马炎。相传司马氏不以为忤,居然恩准,并优礼有加。

两晋南朝时期,琅邪人王祥因孝而被统治阶级立为社会楷模。《晋书》卷33《王祥传》载:"祥性至孝。早丧亲,继母朱氏不慈,数谮之,由是失爱于父。每使扫除牛下,祥愈恭谨。父母有疾,衣不解带,汤药必亲尝。母常欲生鱼,时天寒冰冻,祥解衣将剖冰求之,冰忽自解,双鲤跃出,持之而归。母又思黄雀炙,复有黄雀数十飞入其幕,复以供母。乡里惊叹,以为孝感所致焉。"魏文帝黄初年间,王祥在母丧之后才出来做官,并且仕途一帆风顺。到

---

① 《三国志》卷4《魏书·齐王芳传》。
② 鲁迅:《而已集》,人民文学出版社1973年版。

司马炎称帝时,王祥又"拜太保,晋爵为(睢陵)公,加置七官之职"。王祥致仕后的养老待遇极为优厚,司马炎下诏曰:"古之致仕,不事王侯,今虽以国公留居京邑,不宜复苦以朝请。其赐几杖,不朝,大事皆谘访之。赐安车驷马,第一区,钱百万,绢五百匹,床帐簟褥,以舍人六人为睢陵公舍人,置官骑二十人。以公子骑都尉肇为给事中,使常优游定省。又以太保高洁清素,家无宅宇,其权留本府,须所赐第成乃出。"泰始四年(268年)王祥死后,司马炎又下诏,"赐东园秘器,朝服一具,衣一袭,钱三十万,布帛百匹"。王祥的养老及丧葬待遇如此优厚,原因在于作为曹魏老臣的王祥认可了新王朝,而新王朝也需要利用王祥来标榜"以孝治天下"。王祥是一位处处遵礼而行的孝子,需要大力提倡。王祥在临终前给子孙留下的遗训中说:"夫言行可覆,信之至也;推美引过,德之至也;扬名显宗,孝之至也;兄弟怡怡,悌之至也;临财莫过乎让。此五者,立身之本。"①王祥用"信""德""孝""悌""让"训诫子孙,维护了儒家立身行事的基本道德伦理原则,并代代相传,使琅邪王氏成为两晋南朝的第一高门士族。

为了提倡孝,两晋南朝时期各王朝都将《孝经》立于官学,并广为传播。晋殷仲文、谢万,南齐永明诸王、刘瓛等人皆为《孝经》作注。南朝的几位皇帝亲自注释和宣讲《孝经》,太子、诸王乃至群臣亦时时集合,讨论《孝经》。梁武帝亲撰《孝经义疏》十八表。为了普及孝的伦理,学者们编出了《孝经图》《大农孝经》《正顺孝经》《女孝经》等书,使《孝经》之学成为显学。从这类大量史传中,我们可以发现统治阶级对孝的重视。

二、魏晋南北朝时期社会上盛行养老之风

魏晋南北朝社会中的尊老、养老事迹散见于各史传。《晋书·孝友传》和《南史·孝义传》集中了尤为典型的材料。通过分析这些材料可知,这一时期,上至皇帝王公贵族,下至州郡守宰、庶民百姓都比较重视对老人的敬重和奉养。各王朝制定和颁布了大量有关养老的礼仪法令,形成较为系统的养老政策体系。

魏晋南北朝时期,统治者非常重视养老问题。具体做法是在官僚阶层中实行致仕制度,对年老退休者给予优厚的待遇。中国古代礼法规定"大夫七十而致事"。致事,即退休,又称致政、致仕、辞事、逊位、告老等。魏晋南北朝,政府官员退休养老的年限大体亦以七十为限,如西晋刘毅、王览,东晋

---

① 《晋书》卷33《王祥传》。

纪瞻、孔季恭,刘宋颜延之、沈庆之,南齐沈渊,南梁夏侯详等都是七十告老的。北魏在孝文帝改制后,亦逐步建立起"七十致事"的制度。那么,士族官僚退休后的待遇如何呢?据史料记载,这一时期官吏品位越高,待遇越优厚。如西晋司空卫瓘致仕,诏"进位太保,以公就第。给亲兵百人,置长史、司马、从事中郎掾属;及大车、官骑、麾盖、鼓吹诸威仪,一如旧典。给厨田十顷,园五十亩,钱百万,绢五百匹,床帐簟褥,主者务令优备"①。卫瓘是一品官员,位秩尊崇,所以致仕后俸禄和恩赏特别丰厚。

魏晋统治者在对官僚推行致仕养老的同时,对于社会上其他的大多数老年人,则采取蠲免徭役和赈赡救济等方式,给予他们物质上和精神上的保障。下举数例:黄初三年(222年)九月庚子,魏文帝立郭皇后,下诏"赐天下男子爵人二级;鳏寡笃癃及贫不能自存者赐谷"②;太宁二年(324年)三月戊辰,东晋明帝立皇子衍为皇太子,"赐鳏寡孤独帛,人二匹"③。又如元嘉二十六年(449年)二月,宋文帝东巡,"幸京城。辛亥,谒二陵。丁巳,会旧京故老万余人,往还飨劳,孤疾勤劳之家,咸蒙恤赉,发赦令,蠲徭役"④;北魏太和四年(480年)秋七月壬子,孝文帝"诏会京师耆老,赐锦彩衣服几杖稻米蜜面,复家人不徭役"⑤。值得一提的是,南朝萧梁时期,梁武帝为了收养单老孤稚不能自存者,于普通二年(521年)正月辛丑"置孤独园于健康"⑥,使孤幼有归,华发不匮。孤独园的出现,表明南朝政府对社会弱势群体的关注。

需要说明的是,由于门阀士族与政府官员地位显赫,所以他们退休后的养老待遇一般都是比较优厚的,这里不再多述。现重点考察一下庶民百姓的养老情况。

两晋南朝时期,庶民百姓的含义是比较宽泛的,几乎可以涵盖士族地主以外的所有社会阶层。庶民地主一般多为地方政权官吏的掾属,或不入流的佐吏。他们没有或很少能享有封建特权,其老年生活与养老主要靠自己的家庭收益。至于作为与编户齐名的普通农民以及佃客、奴婢、屯田户、兵户、吏家、百工农和杂户,经济地位低下,其养老保障更无从谈起。这些无名之辈的生活境况,史籍中又很少记载,而凡是被写入列传中的人物,又总是

---

① 《晋书》卷36《卫瓘传》。
② 《三国志》卷2《魏书·文帝传》。
③ 《晋书》卷6《肃宗明帝纪》。
④ 《宋书》卷15《礼志二》。
⑤ 《北史》卷3《高祖纪》。
⑥ 《资治通鉴》卷149《梁纪五》。

有一定知名度的。所以，即使搜遍诸史《孝友传》《孝义传》《孝行传》，也很难把这个人数众多的社会群体的养老状况勾画全面。现就诸史所载略加考察。

《晋书》卷88《孝友传》中的养老事迹，最典型的是前文所言李密之侍奉祖母刘氏，祖孙二人相依为命。其次是广陵人盛彦，其"母王氏因疾失明，彦每言及，未尝不流涕。于是不应辟召，躬身侍养，母食必自哺之。母既疾久，至于婢使数见挝挞。婢愤恨，伺彦暂行，取蛴螬炙饴之。母食以为美，然疑是异物，密藏以示彦。彦见之，抱母恸哭，绝而复苏。母目豁然即开，从此遂愈"①。蛴螬能否入药治目盲，不得而知。这则故事的意义在于劝人行孝，必有好报。

庾衮"诸父并贵盛，唯父独贫约。衮躬亲稼穑，以给供养，而执事勤恪……父亡，作筥卖以养母。母见其勤，曰：'我无所食。'对曰：'母食不甘，衮将何居！'母感而安之"②。庾衮靠躬耕与卖筥来供养双亲，可见他无时无刻不在尽一个做儿子的职责。

刘殷"曾祖母王氏，盛冬思堇而不言，食不饱者一旬矣。殷怪而问之，王言其故。殷时年九岁，乃于泽中恸哭……于是忽若有人云：'止，止声。'殷收泪视地，便有堇生焉，因得斛余而归，食而不减，至时堇生乃尽"③。刘殷能在盛冬得堇，大概是其奉亲敬老的行为感动了天地。当然这不免有些迷信色彩。

颜含在"二亲既终，两兄继没"之后，以侍奉次嫂樊氏而著名。史载："樊氏因疾失明，含课励家人，尽心奉养，每日自尝省药馔……医人疏方，应须髯蛇胆，而寻求备至，无由得之，含忧叹累时，尝昼独坐，忽有一青衣童子年可十三四，持一青囊授含，含开视，乃蛇胆也。童子逡巡出户，化成青鸟飞去。得胆，药成，嫂病即愈。由是著名。"④这则故事中所言童子化青鸟飞去，带有神话色彩，而蛇胆有明目作用，却是有药理根据的。虽然故事有夸张成分，然而，颜含这种照顾残疾老人的精神却是值得提倡的。

《晋书·孝友传》中还记载了一位西河人王延，其事迹与王祥有类似之处，史载其"继母卜氏遇之无道，恒以蒲穰及败麻头与延贮衣。其姑闻而言

---

① 《晋书》卷88《盛彦传》。
② 《晋书》卷88《庾衮传》。
③ 《晋书》卷88《刘殷传》。
④ 《晋书》卷88《颜含传》。

之,延知而不言,事母弥谨。卜氏尝盛冬思生鱼,敕延求而不获,挟之流血。延寻汾叩凌而哭,忽有一鱼长五尺,涌出水上,延取以进母。卜氏食之,积日不尽,于是心悟。抚延如己生。延事亲色养,夏则扇枕席,冬则以身温被,隆冬盛夏,体无全衣,而亲极滋味。昼则佣赁,夜则诵书,遂究览经史,皆通大义。州郡礼辟,贪供养不起。父母终后,庐于墓侧,非其蚕不衣,非其耕不食"①。王延靠出卖劳动力,给人帮工来尽心尽力地供养母亲实在让人感动不已。

据《南史·孝义传》载,"晋陵吴康之妻赵氏,父亡弟幼,遇岁饥,母老病笃,赵诣乡里告乞,言辞哀苦,乡里怜之,各分升米,遂得免"②。吴康之妻赵氏竭力侍亲的传统美德,很是值得肯定。

又据《南史·孝义传》载,南朝宋时有会稽人郭世通"年十四丧父,居丧殆不胜哀。家贫,佣力以养继母。妇生一男,夫妻恐废侍养,乃垂泣瘗之。母亡,负土成坟。亲戚或共赙助,微有所受,葬毕,佣赁还先直"③。这个家庭,为了供养继母,居然活埋了亲生儿子,可见其贫困之至。为了安葬继母,还要借债,然后靠出卖劳动力还清债务,可见其养老之艰辛。

穷人老病无所依,甚至死后都无法殡葬,这在南朝时期是一种普遍现象。史载会稽山阴人严世期,"性好施,……同县俞阳妻庄年九十,庄女兰七十,并老病无所依,世期饴之二十年,死并殡葬"④。这是孤寡老人的养老境况。还有会稽寒人陈氏,"有三女,无男,祖父母年八九十,老无所知,父笃癃病,母不安其室。遇岁饥,三女相率于西湖采菱莼,更日至于货卖,未尝亏怠……祖父母等相继卒,三女自营殡葬,为庵舍居墓侧"⑤。这是三位孤女靠采集西湖中菱角与莼菜来供养老人并为之送葬的辛酸事。

翻阅史书不难发现,魏晋南北朝时期,尊老与养老之风在社会上普遍受到重视。"二十四孝"中的"王祥卧冰""孟宗哭笋""陆绩怀桔""吴猛伺蚊"等事迹,都是那个时代孝行孝道的典型。这个时期的一些史书上,专门记述表彰以孝行名世的人物。其中充斥着某某为善事父母如何感化草木禽兽,使亲人死而复生、盲而复明等感天动地、旷古迄今的种种孝行。只要"孝"字

---

① 《晋书》卷88《王延传》。
② 《南史》卷73《萧矫妻羊氏传附赵氏传》。
③ 《南史》卷73《郭世通传》。
④ 《南史》卷73《严世期传》。
⑤ 《南史》卷73《会稽陈氏三女传》。

当头,就可以虽与统治者有杀父之仇而"不臣朝廷",为了赡养老人,可以"三征七辟皆不就"却仍受到表彰。由此可见,"孝"在当时的地位。

综上所述,魏晋南北朝时期战乱不已,一方面是社会动荡,老年人的生活受到很大冲击,难有切实的保障;另一方面是政权更替频繁,篡夺之事不断发生,忠孝很难两全,统治阶级为了维护社会秩序的稳定,便大力提倡"以孝治天下"。帝王的倡导与士族的好尚两根有力的杠杆,造成两晋南朝标榜孝道的一时风气。当然,如此众多的孝行记录在案,并不说明行孝之人都是孝悌的,其中还夹杂有为猎取功名利禄矫情造作的伪饰之举。但从载录于史籍的孝道事迹分析,这一时期社会上的尊老、养老行为有一个颇为重要的特点:行孝之人从社会身份来看属上层者少,为下层民众者多。广大劳动人民虽处于颠沛流离、饥寒交迫的困境之中,但仍不乏奉亲敬老的典型人物和事迹,这种尊老养老的美德与人间真情更值得称道。

第六章

慈善公益

魏晋南北朝是中国慈善公益事业史上的一个重要时期,这一时期慈善公益事业较前代有了重大发展,上承先秦两汉,下启隋唐。该时期慈善思想的来源主要有先秦统治者的重民措施和诸子的慈善思想、佛教慈悲观念及道教善恶学说,其慈善事业主要可分为官方主持的慈善事业、个人行为和民间社会组织的慈善事业及佛教寺院的慈善公益事业几类。广泛的慈善救济活动,对保持当时社会稳定、促进经济和文化的发展有一定的作用。

第一节 政府慈善救助

魏晋南北朝在中国古代史上是一个分裂割据的乱世,各阶级、各民族之间以及统治集团内部之间的频繁战争给人民带来了沉重的痛苦和灾难,社会动荡不安,疾疫频发。在这种情况下,统治者要缓和矛盾以安定社会,维护统治以巩固国本,就不得不在政治、经济等方面实施一些"有惠于民"的政策,对社会上贫弱病疾人群进行慈善救助。该时期各政权在统治思想上承袭了两汉儒学"以经治国"的政府管理思想余绪,故政府对弱势人群的救济措施,主要是在儒家思想的主导下进行的。在这方面,首先是汉儒天人感应的天谴灾异学说。

一、天谴灾异说影响下的慈善事业

天谴灾异说的发轫甚早,如《尚书·洪范》"天乃锡禹,洪范九畴,彝伦攸叙"和《周易·系辞上》"天象垂,见吉凶,圣人象之"等,均可以视作这一学说的渊薮。汉初的政治思想家陆贾、贾谊等人也有过类似论述。到了汉武帝时,儒家大师董仲舒集其大成,并将之与阴阳五行学说结合起来,遂形成一套完整而有系统的天谴灾异理论。在这种天谴灾异理论的影响下,魏晋南北朝时期的人们认为,无论是大水、亢旱、蝗虫、雪雹、地震等常见的自然灾害,还是人为的纵火、疾疫流传、农作物病虫害等,都是国家政治有缺失而上天对人们特别是统治者有目的、有意识的谴告惩戒。告诫统治者要知"异"而"思变",积极采取措施救济灾民,反思朝政得失,省刑罚,薄赋敛等,来弥补过失。一般来说统治者采取的主要做法有以下几种。

(一)下诏罪己

按照儒家天人合一、天人感应的理论,君主是秉承天命掌握国家统治权,代表上天治国行政。因此,君主必须对上天负责,一旦发生自然灾害,就必须主动下诏罪己,表示内疚反省。然后实行种种仁政,对鳏独困穷等人进行慈善救济。如北魏正始元年(504年)六月癸巳,由于京师等地发生旱灾,宣武帝下诏自责:"朕以匪德,政刑多舛,阳旱历旬,京甸枯瘁,在予之责,夙宵疚怀。"并要求有关官吏做好六项善政,其中一项即为"鳏寡困穷,在所存恤"①。正光二年(521年),北魏又发生旱灾,孝明帝于七月癸丑诏曰:"时泽弗降,禾稼形损,在予之责,夙宵震惧,虽克躬撤膳,仍无招感。有司可修案旧典,祗行六事:圄犴淹枉,随速鞫决;庶尹废职,量加修厉;鳏独困穷,在所存恤;役赋烦民,咸加蠲省;贤良谠直,以时升进;贪残邪佞,即就屏黜;男女怨旷,务令会偶。庶革止愆违,有弭灾沴。"②孝明帝首先表示了一番警惧自责的话,接着要求有关官吏做好包括赈济鳏独困穷在内的六项善政。

(二)废除苛政

废除苛政主要是察理刑狱,赦宥罪囚等。按照天人感应的天谴灾异学说,朝廷如果以苛政酷刑治理国家,则必然会杀人过多,暴戾之气太重而导致阴阳不和谐,引发水旱等灾害。因此,一旦有自然灾害发生,统治者必然要登殿听讼,发布诏旨,清理刑狱,赦免罪犯,以淡化杀戾之气,令阴阳重新调谐。据《北史》卷4《魏本纪第四》所载,北魏永平元年夏五月,"帝以旱故,减膳撤悬。……修听讼观";延昌二年春、夏之季,因十三州郡大水,魏世宗不但大规模开仓赈恤,并且"御申讼车,亲理冤讼"。不仅如此,当灾害发生时,一些统治者还注意对囚徒进行慈善救济。如北魏延兴三年(473年)秋七月己亥,孝文帝下诏:"自今京师及天下之囚,罪未分判,在狱致死无近亲者,公给衣衾棺椟葬埋之,不得暴露。"③该时期救济囚徒除施衣、施棺、代葬外,还有施食、轻锁等形式。

(三)削减费用

削减费用的措施主要有削减朝廷开支,减省宫廷费用,停建一些公共工程,免除一些征调等。其目的主要在于节省一部分开支用于救灾济民,同时

---

① 《魏书》卷8《世宗宣武帝纪》。
② 《魏书》卷9《肃宗孝明帝纪》。
③ 《魏书》卷7《高祖纪上》。

也或多或少减轻灾区民众的赋役负担。如东晋孝武帝在太元四年(379年)春三月爆发的大疫中,下诏曰:"又年谷不登,百姓多匮。其诏御所供,事从俭约,九亲供给,众官廪俸,权可减半。凡诸役费,自非军国事要,皆宜停省,以周时务。"①这说明统治者对于自然灾害及救灾济荒政策的实施,倍加认真和重视。

二、儒家仁政学说影响下的慈善事业

在魏晋南北朝诸政权实施的慈善救济事业中,儒家仁政学说的影响也至为深刻。

"仁"是儒家学说的核心内容。儒家鼻祖孔子倡导的"仁",内涵丰富,在不同的场合可以有多种解释,但"爱人"是"仁"的基本出发点。以此为基础,孔子主张"养民也惠",即要求统治者施行惠民政策。孟子继承并发展了孔子的"仁"说,把"仁"当作基本的政治范畴和道德规范,并因而把施行仁政提到极端重要的地位。孟子的仁政学说,是建立在"性善论"基础上的。他主张先天性善,并提出人心固有的四个善端:恻隐、羞恶、辞让、是非。这四种善端,是引导人们扬善抑恶,布善祛恶的力量之源。其中"恻隐之心"是指人类情感中的同情心、怜悯心和爱心。它是人们从事各种社会慈善活动的动机所在。

从"人皆有不忍人之心"出发,孟子完成了从道德到政治的推演,指出君主有了"仁爱之心",方能施行仁政。这种仁政当然包括"老吾老以及人之老,幼吾幼以及人之幼"。作为君主,特别是当子民遭受灾害的侵袭时,也就不能不大力实施赈灾济荒,养孤恤贫之政,以表示"父慈、母爱式的人道主义关怀"。

那么,儒家仁政理念对魏晋南北朝慈善事业的指导有哪些具体表现呢?

(一)赈灾济荒

魏晋南北朝是历史上自然灾害多发的时期。据有关史料记载,从晋武帝泰始九年(273年)至隋文帝开皇六年(586年)的313年中,共发生水灾183次,旱灾177次,蝗灾54次,瘟疫52次,虫灾32次,共计498次(尚不包括地震、风灾、雪雹、霜冻诸灾),平均每年遇灾1.59次。② 一旦灾荒发生,普通民众往往饥不得食、寒不得衣、死不得葬,甚至出现卖妻鬻子的人间悲剧。

---

① 《晋书》卷9《孝武帝纪》。
② 傅筑夫:《中国社会经济史》,人民出版社1984年版。

面对这种现状,魏晋南北朝诸政权统治者不得不采取一些"荒政"措施来救济灾民。此类事例,在魏晋南北朝正史的帝王本纪和《天象》《五行》《食货》诸志中记载极多。据不完全统计,仅《魏书》卷105《天象志二》记载从北魏显祖皇兴二年至孝静帝武定二年,北魏政权即下诏开仓赈灾11次之多。其典型事例,如高祖延兴二年,"以州镇十一水旱,免民田租,开仓赈恤"。太和八年十二月,"诏以州镇十五水旱,民疾,遣使者循行,问所疾苦,开仓赈恤";肃宗神龟元年正月,"幽州大疾,死者甚众,开仓赈恤,又大赦天下"。

灾情发生后,除中央政府有救荒措施外,地方州县和民间人士也采取过相应的慈善救济方式,以解困危。现试举两例:东晋初,范广为堂邑令,"后大旱,米贵,广散私谷赈饥人,至数千斛,远近流寓归投之,户口十倍"①。又如宋元嘉末,刘善明之父刘怀仁任齐、北海二郡太守,"青州饥荒,人相食。善明家有积粟,躬食饘粥,开仓以救,乡里多获全济,百姓呼其家田为继命田"②。

(二)医疗救济

古代公共卫生条件十分不堪,一遇凶荒,民多疫疠。极贫之民在平时谋一食尚难,更何况瘟疫流行时去问病求医了。魏晋南北朝时期,上至皇帝,下至王公贵族对民众的这种疾苦多有体察,屡施救恤。据《宋书》卷5《文帝纪》载,元嘉四年(427年),京师疾疫,文帝刘裕"遣使存问,给医药",并给病殁者发给棺器。又据《南史》载:"(永明)九年,都下大水,吴兴偏剧,子良开仓振救贫病不能立者,于第北立廨收养,给医及药。"③以上这些医药救疗措施,对于减轻贫困百姓的痛苦,无异于雪中送炭,其作用值得肯定。

尤应特别注意的是,南北朝时期出现了专门收容贫病者的私立慈善机构——六疾馆。六疾馆最初是由南齐文惠太子、竟陵王萧子良于5世纪末6世纪初创设。馆以"六疾"而名,盖源出《左传》。《左传·昭公元年》有云:"天有六气,降生五味,发为五色,征为五声,淫生六疾。六气曰阴、阳、风、雨、晦、明也。分为四时,序为五节,过则为灾。阴淫寒疾,阳淫热疾,风淫末疾,雨淫腹疾,晦淫惑疾,明淫心疾。"大概古人由此而认为,人禀阴阳风雨晦明六气而生,失度则为疾,此谓"六疾"。及至南北朝,"六疾"之名已成为通

---

① 《晋书》卷90《范晷传》。
② 《南齐书》卷28《刘善明传》。
③ 《南史》卷44《竟陵文宣王子良传》。

用语汇,用以泛指各种疾病。六疾馆的设置,在中国慈善事业发展史上具有划时代的意义,它标志着中国慈善活动正在迅速地兴起和发展。

稍后,北魏亦设立类似的慈善机构,救济患病的贫苦百姓。永平三年(510年)冬十月丙申,宣武帝诏曰:"朕乘乾御历,年周一纪,而道谢击壤,教惭刑厝。至于下民之茕鳏疾苦,心常愍之,此而不恤,岂为民父母之意也。可敕太常于闲敞之处,别立一馆,使京畿内外疾病之徒,咸令居处。严敕医署,分师疗治,考其能否,而行赏罚。"①宣武帝下令太常在京师闲敞之处,别立一馆,专门收治京畿内外疾病患者,这是中国历史上最早的慈善医院。官方慈善医院的出现,表明了官方慈善医疗事业的发展和政府对民众生命健康的进一步重视。

(三)恤幼养老

古代中国,历来重视对儿童的养育。《易经》中"蒙以养正",《礼记·礼运》篇的"幼有所长""幼吾幼以及人之幼",《周礼》中"慈幼"的论述,都是夏、商、周三代致力于儿童福利慈善事业的明证。这里既有原始朴素的人道主义对儿童的特别体恤和关爱,又有受中国传统文化中家族观念的影响,视子嗣为自己生命的延续而寄予厚望的文化痕迹。魏晋南北朝时期,有关儿童慈善方面的政令及其实施已相当丰富。这一方面是由于战乱不已,各政权需及时补充兵力;另一方面则是随着生产力的迅速发展,也要求有充足的劳动力创造更多的财富。正因如此,诸政权对人口问题、慈幼工作都极为重视。据《魏书》卷5《文成帝纪》载,北魏和平四年(463年),文成帝即通令全国,"前以民遭饥寒,不自存济,有卖鬻男女者,尽仰还其家。或因缘势力,或私行请托,共相通容,不时检校,令良家子息仍为奴婢。今仰精究,不听取赎,有犯加罪。若仍不检还,听其父兄上诉,以掠人论"。文成帝下诏的目的是让天下父母无骨肉分离之悲。又如梁武帝时期,任昉"出为义兴太守。岁荒民散,……时产子者不举,昉严其制,罪同杀人。孕者供其资费,济者千室"②。许多事实说明,鼓励生育,做好慈幼之政是这一时期各政权的普遍之策。

尊老敬老是中华民族优良的传统美德,其思想绵延已久。早在春秋时,人们就深知"老有加惠"。及至魏晋南北朝时期,统治者也多有对老年人的优惠政策,先后颁布一系列养老诏书,对鳏寡孤独人群进行慈善救助。下举

---

① 《魏书》卷8《世宗宣武帝纪》。
② 《南史》卷59《任昉传》。

数例:黄初三年(222年)九月庚子,魏文帝立皇后郭氏,下诏"赐天下男子爵人二级;鳏寡笃癃及贫不能自存者赐谷"①;泰始四年(268年)十二月晋武帝颁布五条诏书给郡国,"一曰正身,二曰勤百姓,三曰抚孤寡,四曰敦本息末,五曰去人事"②,在晋武帝下达的诏书中,有要求郡国守相抚恤孤寡老人的相关内容;太宁二年(324年)三月戊辰,东晋明帝"立皇子衍为皇太子,……赐鳏寡孤独帛,人二匹"③。从以上诏书内容可看出,魏晋之际,优恤孤老主要是"赐粟"等救助,尚未形成正式的恤老制度。

南朝萧梁时期出现了中国历史上已知最早的官方慈善机构——孤独园。梁武帝普通二年(521年)春正月辛巳诏曰:"凡民有单老孤稚不能自存,主者郡县咸加收养,赡给衣食,每令周足,以终其身。又于京师置孤独园,孤幼有归,华发不匮。若终年命,厚加料理。"④官方慈善机构的出现,表明南朝慈善事业的逐步发展和政府对慈善事业的进一步重视。它的设立,不仅是传承三代尊老恤老的传统美德,且下启唐宋两朝的悲田养病坊、福田院等慈善机构。因此,它在中国慈善事业的发展过程中占有显著的地位。

传统的观点认为,魏晋南北朝由于佛道玄学昌盛,儒家思想对政府的指导日益式微,但据本文考察,情非如此。实际上,魏晋南北朝的统治者一方面崇佛弘道,但另一方面在慈善救济这样的政府管理思想上却因袭汉制,以经治国。在这方面,作用最显著的莫过于儒家仁政理论。因为根据这一理论,统治者要表明自己是仁义之君,朝廷是仁慈的政府,就必然要对社会上鳏寡孤独人群进行慈善救助。特别是当自然灾害发生后,统治者不但积极地开仓赈灾、调粮救饥、抚孤怜贫,而且还主动下诏罪己、废除苛政、减膳省乐,以显示自己仁爱之君的风范。

另外,魏晋南北朝诸政权的统治者在儒家思想指导下所实施的慈善救济政策,对当时社会产生了一定的积极作用。广泛的慈善活动,使大量垂死的民众获得了最低限度的生活保障和救助,从而得到喘息机会,有助于把濒临崩溃的社会拉回正常轨道,并使它进一步曲折地向前发展。同时,也使得儒家思想在经历了佛教、道教的猛烈冲击及危机之后,始终保持着其作为古代中国政府管理思想之主导的地位,并且成了中国传统文化的主流思想和

---

① 《三国志》卷2《魏书·文帝传》。
② 《晋书》卷3《武帝纪》。
③ 《晋书》卷6《明帝纪》。
④ 《梁书》卷3《武帝纪下》。

东方文明生生不已、自强不息的精神文化支柱。

第二节 士人民间慈善救助

中国的慈善事业源远流长,早在西周时期,就已经设立了专门负责社会慈善救助的官职,并提出了"荒政十二"和"保息"六政,注重对鳏寡孤独者进行慈善救济。中国古代慈善活动主要分为两大类:一类是官方慈善,其慈善活动的主体是政府;另一类是个体民间慈善,参与慈善活动的主体是公民个人。士人作为一个重要的社会群体,成为个体民间慈善的重要组成部分。在中国古代,士人通常指读书人,是对中国古代官僚文人知识分子的统称。魏晋南北朝的士人主要来自地主阶级,少数来自自耕农或其他阶层,具有较高的社会地位和声望,拥有相对优厚的经济基础。他们充当着社会慈善救助的倡导者和捐助者,在民间慈善救助活动中发挥了积极作用。

一、魏晋南北朝士人民间慈善救助的基本形式与内容

中国自古提倡对鳏寡孤独、老弱病残等弱势群体进行救助。魏晋南北朝时期,朝代更替频繁,战乱不断,灾害多发,致使生灵涂炭,流民不断涌现。面对这种现状,除各朝中央政府积极采取一系列救济措施以外,各地方州县和民间士人也纷纷参与到社会慈善救济活动当中,以缓解人民的疾苦。该时期士人民间慈善活动大致可以分为两种:一种是临时性的慈善救助活动,如赈灾济荒;另一种是经常性的慈善救助活动,包括医疗救济、恤幼养老、济贫扶弱等。魏晋南北朝士人民间慈善救助成为该时期民间慈善事业的重要组成部分。

(一)临时性的慈善救助活动——赈灾济荒

魏晋南北朝是自然灾害多发的时期,邓拓先生在《中国灾荒史》中指出:"终魏晋之世,黄河长江两流域间,连岁凶灾,几无一年或断。总计二百年中,遇灾凡三百零四次。其频度之密,远逾前代。举凡地震、水、旱、风、冰

雹、蝗螟、霜雪、疾疫之灾,无不纷至沓来,一时俱见。"①灾害的频繁发生往往会造成饥民的大量出现,严重影响国家的稳定。

面对灾后出现的一系列问题,一些士人积极加入赈灾行列,采取各种措施来赈济灾民,以减轻灾害所造成的损失。如《晋书·良吏传》载,范广字钟将,南阳顺阳人,士族门第,家兴儒学。东晋初,范广任堂邑令"后大旱,米贵,广散私谷振饥人,至数千斛,远近流寓归投之,户口十倍"②。又如《南史》卷49《刘善明传》载,刘善明,平原人,自幼饱读经史,后入仕为官。元嘉末年,"青州饥荒,人相食。善明家有积粟,躬食饘粥,开仓以救,乡里多获全济,百姓呼其家田为续命田"。再如北魏时期的韦朏,少有志业,年十八,辟州主簿。"时属岁俭,朏以家粟造粥,以饲饥人,所活甚众"③。还有北魏顺阳太守张烈,史载"烈少孤贫,涉猎经史,……宣武即位,追录先勋,封清河县子。寻以母老归养,积十余年。频遇凶险,烈为粥以食饥人,蒙济者甚众,乡党以此称之"④。

魏晋南北朝的士人在灾害发生后所做出的临时性的慈善救助,使许多无家可归或者贫病饥寒的灾民活了下来,遏制了大量流民的出现,维护了社会的稳定,在一定程度上缓解了政府面对灾害时的压力,成为各朝政府赈济灾荒的重要补充。

(二)经常性的社会慈善救助活动

魏晋南北朝的士人除了在灾难发生以后会进行一些临时性的慈善救助活动以外,在日常生活中也会从事许多经常性的社会慈善救助活动,主要形式有医疗救济、慈老恤孤、济贫扶弱等。

1. 医疗救济

古代卫生条件十分落后,一旦灾难发生,很多民众极易感染疫病,人民看病就医的压力就会进一步增加,特别是贫苦百姓,平时谋一食尚难,更何况瘟疫流行时去问病求医了。对于民众的这一疾苦,魏晋南北朝士人开展了广泛的医疗救济活动。如北魏士人崔彧,史载"少尝诣青州,逢隐逸沙门,教以素问九卷及甲乙,遂善医术。……后位冀州别驾,累迁宁远将军。性仁

---

① 邓云特:《中国救荒史》,上海书店出版社1984年版,第185页。
② 《晋书》卷90《范晷传》。
③ 《魏书》卷45《韦珍传附韦朏传》。
④ 《北史》卷45《张烈传》。

恕,见疾苦,好与治之。广教门生,令多救疗"①。《北齐书》也记载了北齐官吏李元忠施医舍药的故事。李元忠,赵郡柏人也。少历志操,粗览史书及阴阳数术。官至骠骑大将军、中书令,封晋阳县伯,邑五百户。"初元忠以母老多患,乃专心医药,研习积年,遂善于方技。性仁恕,见有疾者,不问贵贱,皆为救疗。……乡人甚敬重之"②。再如萧梁严植之,"植之少善庄、老,精解丧服、孝经、论语。及长,遍治郑氏礼、周易、毛诗、左氏春秋。性仁慈,好行阴德,虽在暗室,未尝息也。……尝缘栅塘行,见患人卧塘侧,植之下车问其故,云姓黄氏,家本荆州,为人拥赁,疾既危笃,船主将发,弃之于岸。植之心恻然,载还治之,经年而黄氏差,请终身充奴仆以报厚恩。植之不受,遗以资粮,遣之"③。

在自然灾害多发的魏晋南北朝时期,士人较广泛的医疗救助活动,一方面减轻了贫困百姓的疾苦;另一方面也有利于抑制灾后疫病的蔓延,维护了社会的安定与和谐。

2. 慈老恤孤

尊老爱幼是中华民族优良的传统美德,其思想绵延已久。《孝经》中说:"夫孝,天之经也,地之义也,民之行也。"④作为孝的具体表现,尊老养老当然备受重视。不仅如此,中国自古也十分重视体恤孤寡,使之得以温饱。《管子·轻重已》载:"民生而无父母,谓之孤子;无妻无子,谓之老鳏;无夫无子,谓之老寡。此三人者,皆就官而众,可事者,不可事者,食如言而勿遗。"⑤可见,中国古代非常重视慈老恤孤问题。

魏晋南北朝的士人在慈老恤孤方面也有许多举措。如东晋刘驎之为孤苦无依的老人买棺送殡,史载"驎之虽冠冕之族,信义著于群小,……去驎之家百余里,有一孤姥,病将死,叹息谓人曰:'谁当埋我,唯有刘长史耳!何由令知?'驎之先闻其有患,故往候之,值其命终,乃身为营棺殡送之。其仁爱隐恻若此"⑥。又如刘宋严世期,会稽郡山阴县人,南朝宋名士。他家道殷实,并且生性乐善好施,常周济乡里。"同县俞阳妻庄年九十,庄女兰七十,并各老病,孤单无所依,世期衣饴之二十年,死并殡葬。宗亲严弘、乡人潘伯

---

① 《魏书》卷91《崔彧传》。
② 《北齐书》卷22《李元忠传》。
③ 《梁书》卷48《严植之传》。
④ 邢昺:《孝经注疏》,上海古籍出版社2009年版。
⑤ 房玄龄:《管子》,上海古籍出版社1989年版。
⑥ 《晋书》卷94《刘驎之传》。

等十五人,荒年并饿死,露骸不收,世期买棺器殡埋,存育孩幼"①。再如陈晋陵太守孔奂,史载"数岁而孤,为叔父虔孙所养,好学善属文。永定三年,除晋陵太守。所得俸禄,随即分赡孤寡,郡中号曰神君"②。

魏晋南北朝的士人对鳏寡孤独者的慈爱救助,不仅改善了社会上老弱病残等弱势群体的基本生活,而且在一定程度上弥补了政府在慈老恤孤方面的不足,成为魏晋南北朝慈善事业不可或缺的一部分,这对缓和社会矛盾、稳定社会秩序起到了重要作用。

3. 济贫扶弱

频繁的战争以及繁重的徭役使得人民普遍贫穷,而多发的灾害又使得贫者更贫、弱者更弱,生活难以维持。面对这种现状,魏晋南北朝士人展开了一系列扶贫济弱的慈善救助行动。有关这方面的事例很多,如东晋南阳人刘驎之,"高率善史传,隐于阳岐。于时苻坚临江,荆州刺史桓冲将尽訏谟之益,征为长史,遣人船往迎,赠贶甚厚。驎之闻命,便升舟,悉不受所饷,缘道以乞穷乏,比至上明亦尽"③。又如梁尚书仆射徐勉,"幼孤贫,早励清节。……及长,笃志好学。……虽居显职,不营产业,家无蓄积,俸禄分赡亲族之贫乏者。门人故旧或从容致言。勉乃答曰:'人遗子孙以财,我遗之清白。子孙才也,则自致辐耕;如其不才,终为他有。'"④再如南陈士人徐陵,史载:"八岁属文,十三通庄、老义。及长,博涉史籍,从横有口辩。……宣帝即位,为尚书左仆射、中书监。……陵器局深远,容止可观,性又清简,无所营树,俸禄与亲族共之。太建中,食建昌户,户送米至水次,亲戚有贫匮者,皆召令取焉,数日便尽。陵家寻致乏绝。府僚怪问起故,陵云:'我有车牛衣裳可卖,余家有可卖不?'其周给如此。"⑤

总之,魏晋南北朝时期,士人对弱势群体的慈善救助,使一些穷困不堪的民众获得了最低限度的生活保障,在一定程度上减轻了人民的负担,促进了社会的稳定。

二、魏晋南北朝士人从事民间慈善救助的动力

魏晋南北朝的士人积极从事民间慈善救助活动,一方面受到当时各朝

---

① 《宋书》卷91《严世期传》。
② 《南史》卷27《孔靖传附孔奂传》。
③ 刘义庆:《世说新语·栖逸》,上海古籍出版社1993年版。
④ 《梁书》卷25《徐勉传》。
⑤ 《南史》卷62《徐陵传》。

政府的大力支持,另一方面又受中国传统文化思想的影响。

(一)政府对慈善救助的倡导

1.中央颁布诏书,倡导慈善

魏晋南北朝时期各朝统治者对慈善事业都非常重视,他们颁布了大量的慈善诏书。黄初三年(222年)魏文帝诏"赐天下男子爵人二级;鳏寡笃癃及贫不能自存者赐谷"①;太宁二年(324年)东晋明帝诏"赐鳏寡孤独帛,人二匹"②;大明二年(548年)宋孝武帝也曾诏曰"其明敕守宰,勤加存恤。赒赠之科,速为条品"③。宋孝武帝还针对许多百姓因为贫困而缺衣少食、死后没有棺材下葬的情况,要求地方州郡县长官给予赈恤。另外,各朝统治者还积极倡导慈善活动,史载"明帝凡三东巡狩,所过存问高年,恤疾苦,或赐谷帛,有古巡幸之风焉。齐王正始元年,巡洛阳县,赐高年力田各有差"④。这些慈善诏书以及慈善倡导对该时期民间慈善事业的发展产生了积极的影响。

2.地方政府倡导并积极参与慈善活动

除了中央政府重视对弱势群体的慈善救济外,地方各州县也积极倡导慈善救助,并且主持了大量的慈善救助活动。如曹魏袁涣,"每敕诸县:'务存鳏寡高年;表异孝子贞妇……'"⑤;又如萧梁夏侯夔任豫州刺史时,曾利用地方政府的岁收来救助本州县贫穷之人,史载"豫州积岁寇戎,人颇失业。夔乃率军人于苍陵立堰,溉田千余顷,岁收谷百余万石,以充储备,兼赡贫人,境内赖之"⑥。虽然这一时期地方政府在救助弱势群体方面还没有系统完备的救助措施,但是地方官员对社会救济的态度和行为必然有利于社会各阶层树立慈善意识,从而在一定程度上推动了该时期广大士人从事民间慈善救助活动,使这一时期的慈善事业得到进一步发展。

(二)中国传统文化的影响

魏晋南北朝时期,儒家、道教和佛教三种思想在我国得到了快速的发展,并逐渐合流。这三种思想成为该时期士人从事民间慈善救助活动的思

---

① 《三国志》卷2《魏书·文帝传》。
② 《晋书》卷6《肃宗明帝纪》。
③ 《宋书》卷6《孝武帝纪》。
④ 《晋书》卷21《礼志下》。
⑤ 《三国志》卷11《袁涣传》。
⑥ 《南史》卷55《夏侯详传附夏侯夔传》。

想动力。

1. 以"仁"为核心的儒家思想

在魏晋南北朝士人的民间慈善救济中,以"仁"为核心的儒家思想对其影响甚为深刻,成为这一时期士人从事以"仁爱"为核心的慈善救济活动的重要思想渊源。"仁"是孔子思想的核心范畴,"仁者爱人"是孔子对仁的诠释。孔子认为,"仁者爱人"在实践中应做到"孝悌"和"德恕"两个方面。在孔子看来,应当把"仁"看成我们对社会的一种责任和义务,要做到助人为乐,提倡乐善好施。孟子在孔子爱人的基础上,又提出了"恻隐之心"。孟子认为"人皆有不忍人之心,斯有不忍人之政矣。……恻隐之心,仁之端也",同时他还提出"老吾老以及人之老,幼吾幼以及人之幼"。孟子在宣扬慈善的同时,进一步指出人不仅在骨肉之间要赡养扶助,对没有血亲的人也要相互帮助,做到和睦相处。魏晋南北朝的士人作为一个特殊的群体,在社会上处于重要的地位,深受儒家这种思想的影响。以"仁"为核心的儒家思想为他们从事慈善救助提供了精神动力和价值导向。

2. 佛教的慈悲观念和因果报应学说

佛教作为一支外来宗教是在西汉末年由西域传入我国的,并在魏晋南北朝时期得到了快速发展。佛教思想中的慈悲观、修善功德观和因缘业报说对于我国慈善事业的发展起到了很大的作用。慈悲精神是佛教教义的核心,《大智度论》云:"大慈与一切众生乐,大悲拔一切众生苦。大慈以喜乐因缘与众生,大悲以离苦因缘与众生。"①在这里,慈悲就是拯救正在饱受困苦折磨的生灵,并使其生命充满永恒的快乐。而佛教慈悲的具体实践是布施,《大乘义章》曰:"言布施者,以己财事分布于他,名之为布;辍己惠人,曰之为施。"②布施的行为完全出于怜悯心、同情心和慈悲心,而不带有任何功利目的,具有利他的性质。而赈济、养老、育婴、医疗等救济事业就是慈悲之心的外化表现。魏晋南北朝时期,佛教的慈悲精神引导士人行善积德、去恶从善,成为魏晋南北朝士人从事民间慈善救助活动的思想动力。

3. 道家的善恶观

东汉末年,道教在我国产生,道家思想中善恶因果报应的思想深刻影响了我国慈善事业的发展。《周易·坤·文言》中载"积善之家必有余庆,积不善之家必有余殃"。意思是积累善行的家庭,一定会有多到自己享用不了还

---

① 鸠摩罗什:《大智度论》,上海古籍出版社1991年版。
② 释恒清:《大乘义章的佛性说》,《佛学研究中心学报》1997年第2期,第51页。

能留给子孙享用的福德;不积累善行的人家,则会有多到能够自己遭受不了还能留给子孙遭受的祸患。老子《道德经》中也说:"我恒有三宝,持而宝之。一曰慈,二曰俭,三曰不敢为天下先。夫慈,故能勇;俭,故能广;不敢为天下先,故能为成事长。"此外,道家还宣扬"善恶之报,如影随形""积善天必降福,行恶天必降祸"。人们要想生活美好,长生不老,必须积德行善。与此同时,道家还规定了一个明确的善恶标准,"不履斜径,不欺暗室。积德累功,慈心于物。忠孝友悌,正己化人。矜孤恤寡,敬老怀幼。昆虫草木,尤不可伤。宜闵人之凶,乐人之善。济人之急,救人之危"①。道家的这种善恶观深深地影响了中国民众的善恶选择和善恶行为,并演化为根深蒂固的慈善伦理传统,为魏晋南北朝士人的慈善救助活动提供了又一思想动力。

三、魏晋南北朝士人从事民间慈善救助的意义

中华民族自古以来就有扶危济困、积德行善的传统美德。魏晋南北朝时期,由士人自发进行的慈善救助活动,对中国当时的政治、经济、文化等各方面都起到了重要作用。

(一)有利于社会经济的发展

魏晋南北朝自然灾害多发,对社会造成了极大影响,其中对农业生产的影响最为直接。该时期小农经济极其脆弱,抗灾害的能力极差,一旦遇到自然灾害,农作物轻则减产,重则绝收,继而出现大面积的饥荒,致使生灵涂炭,流民不断涌现。史载北魏孝明帝正光年间,河北地区"炎旱频岁,嘉雨费洽,百稼焦萎"②。由于频遭旱灾,致使农作物减产,户口逃散,严重阻碍社会经济的发展。面对这种状况,士人所从事的民间慈善救助活动在一定程度上解决了人民的基本生存条件,使人民重归家园,从事生产劳动,促进了社会经济的发展。而社会经济的发展反过来又能促进社会慈善事业的发展。据《魏书》卷110《食货志》载,"时承平日久,府藏盈积,诏尽出御府衣服珍宝、太官杂器、太仆乘具、内库弓矢刀铩十分之八、外府衣物缯布丝纩诸所供国用者,以其大半班赍百司,下至工商皂隶,逮于六镇边戍,畿内鳏寡孤独贫癃者,皆有差"。史料记载了北魏孝文帝时,由于社会经济的快速发展,国家积累了大量的财富,为慈善事业的发展提供了保障。

---

① 袁啸波:《民间劝善书》,上海古籍出版社1995年版。
② 《魏书》卷9《肃宗孝明帝纪》。

(二)有利于缓和社会矛盾,稳定社会秩序

自然灾害多发和政权更替频繁成为魏晋南北朝的主要特点,造成了这一时期人民生活上贫困不堪,精神上缺乏安全感。而贫困和不安容易造成社会的不稳定。如宋孝武帝大明七年(463年),由于灾害的发生造成了大量流民的出现,史载"扬、南徐州大旱,田谷不收,民流死亡"①;又如,简文帝大宝元年(550年),由于旱灾蝗灾接踵而至,使得"年谷不登,百姓流亡,死者涂地",甚至出现"父子携手共入江湖,或兄弟相要俱缘山岳"②。灾害的发生使得一些灾民迫于生计,被逼铤而走险,揭竿而起,爆发农民起义,成为社会的不安定因素,造成社会的动乱。而以爱心为基础的士人民间慈善救助,在一定程度上缓解了人民的生活压力,缓和了社会矛盾,稳定了社会秩序。

(三)有利于中国传统文化的继承和发展

中华民族自古以来就有着乐善好施、扶贫济困、尊老爱幼、扶弱助残的传统美德,《礼记·礼运篇》载"大道之行也,天下为公,选贤与能,讲信修睦。故人不独亲其亲,不独子其子。使老有所终,壮有所用,幼有所长,矜寡孤独废疾者皆有所养,男有分,女有归"③。史料体现了养老慈幼,扶助矜寡孤独废疾者,使之各有所归的社会救助慈善思想。这些思想渗透到人们的道德理念和价值信仰之中,造就了中华民族独特的慈善文化,它对中华民族的团结、文明和进步起到了重要作用。魏晋南北朝士人,深受儒家、道家和佛教等慈善思想的影响,从事各种民间慈善救助活动,活跃在社会的各个领域,其慈善行为对这一时期商人、僧侣等其他社会阶层起到一定影响作用,有利于中国传统慈善文化的继承和发展。

综上所述,魏晋南北朝是中国古代慈善事业发展的一个重要阶段。该时期士人因受儒家仁爱思想、佛教慈悲思想、道家善恶观念等的影响,积极加入民间慈善救助行列。广泛的慈善救助对保持社会稳定,促进社会经济的发展起到一定积极作用。但由于受社会环境制约,该时期士人民间慈善救助还存在着一定的局限性,主要表现在:救助行为缺乏法律和制度的保障,救助方式没有形成体系,救助范围不够广泛等。这些问题在一定程度上影响了魏晋南北朝社会慈善事业的发展进程,隋唐以后这些不足逐渐完善,中国慈善事业得以更大发展。

---

① 《宋书》卷26《天文志》。
② 《南史》卷80《侯景传》。
③ 陈澔:《礼记集说》,上海古籍出版社1987年版。

第三节 僧侣教徒慈善救助

中国自古以来从官方到民间都存在着较为活跃的慈善活动。至魏晋南北朝,随着佛教的兴盛,受佛教因果报应学说和慈悲观念影响,施行慈善者遍及社会各阶层。广泛的慈善救济活动,对保持当时社会稳定、促进经济和文化的发展有一定的作用。

一、佛教的因果报应学说与慈悲观念

公元1世纪,佛教传入中国。由于得到统治者的支持,佛教逐渐由宫廷流向民间。魏晋南北朝时期,中国社会处于分裂割据状态。频繁的战争动乱不仅给普通百姓带来了灾难,也使统治者们陷于朝不保夕的境地。于是,对人生失望的情绪在社会各阶层中蔓延,寻求精神寄托和灵魂安慰的渴望随之而生。佛教以其独特的教义,迎合了社会各阶层人们的需要,因而流传日广,逐渐形成中国佛教发展的第一个高潮。

佛教教义极为复杂,内容十分丰富。构成慈善事业动力机制的是因果报应学说与慈悲观念。因果报应学说是佛教伦理的理论基础。佛教认为,"业有三报:一现报,现做善恶,现受苦乐;二生报,今生作业,来生受果;三后报,或经二生三生、百生千生,然后乃受"。这种业报轮回之说,给人以这样的伦理启示:今生修善德,来世升入天界;今生造恶行,来世堕入地狱。在这种道德说教的影响下,上至统治阶层,下及普通百姓,缘于对来世受苦受难的恐惧,人们注重对自身的修养,不断警省,去恶从善。于是,千百年来佛教善有善报、恶有恶报的思想,一直成为中国人维护道德伦理的精神支柱。

慈悲观是佛教教义的核心,同时也是佛教慈善渊源中最重要的内容。慈悲者,怜爱、怜悯、同情之谓也。在梵文里,慈与悲本来是有分别的,《大智度论》云:"大慈,与一切众生乐;大悲,拔一切众生苦。"慈心是希望他人得到快乐,慈行是帮助他人得到快乐;悲心是希望他人解除痛苦,悲行是帮助他人解除痛苦。这种佛教利他主义道德观的具体实践是布施。布施一般分为财施、法施和无畏施。财施主要是对家人而言,其中以金银财物、饮食衣服等惠施众生,谓之外在施;以自己的体力、脑力施舍于人,如助人挑水担柴、

参加公益劳动等,称为内在施。法施主要是对出家人而言,即顺应人们请求,说法教化。无畏施是指急人所急、难人所难,随时助人排忧解难。布施的行为完全出于怜悯心、同情心和慈悲心,而不带有任何功利目的,具有利他的性质。所以,佛教高僧都深怀大慈大悲之心,把赈济、养老、育婴、医疗等救济事业看成是慈悲之心的外化表现。同时,又时时以"慈悲喜舍"的四无量心善待众生,以宽宏的胸襟劝谕世人发慈悲之愿而生救世之心,广行善举,求得菩提的佑护。

二、僧侣教徒的慈善救助活动

魏晋南北朝时期佛教盛行,佛教寺院遍布通都大邑和深山幽谷。本着慈悲精神,虔诚的佛教徒开展了大量的慈善活动,其慈善种类和形式主要有赈灾、济贫、救病、护生等。该时期慈善事业比之前代有了重大的发展。

(一)赈灾

魏晋南北朝是历史上自然灾害多发的时期。面对这种现状,佛教寺院和僧侣总能很快行动起来,或举办"粥院",或散发僧祇粟。僧祇粟之制,创设于北魏文成帝时。即将部分民户划为僧祇户,以其每岁课纳专做救济贫困及灾荒之用。《魏书·释老志》载文成帝时,沙门统昙曜上奏置僧祇粟赈灾,"昙曜奏:平齐户及诸民,有能岁输谷六十斛入僧曹者,即为'僧祇户',粟为'僧祇粟',至于俭岁,赈给饥民。……高宗并许之。于是僧祇户、粟及寺户,遍于州镇矣"[①]。宣武帝时,也继承了以僧祇粟的储积来救济饥年的做法。另外,在民间,每当旱灾来临,僧侣也常为灾区百姓举办祈雨法会。佛教诸经典,如《大云轮请雨经》《大云经·祈雨坛法》等,都是说明佛教对旱灾拯济的重视。不唯祈雨,就是虫害、水灾、地震等天灾的发生,佛教徒也加以关心救助,解决民生的困苦。

灾情发生后,除佛寺和僧侣积极救灾外,部分乐善好施的王公贵族,因受佛教慈悲思想的影响,也采取过相应的慈善救济方式,以解困危。在施行慈善的王公贵族中,齐竟陵王萧子良最为著名。据《南史》载:"建元二年,穆妃薨,去官,仍为丹阳尹,开私仓振属县贫人。……(永明)九年,都下大水,吴兴偏剧,子良开仓振救贫病不能立者,于第北立廨收养,给医及药。"[②]除此,梁昭明太子萧统的慈善行为也颇为典型。史载:"普通中,大军北侵,都

---

① 《魏书》卷114《释老志》。
② 《南史》卷44《竟陵文宣王子良传》。

下米贵。太子因命菲衣减膳。每霖雨积雪,遣腹心左右周行闾巷,视贫困家及有流离道路者,以米密加振赐,人十石。又出主衣绢帛,年常多作襦裤,各三千领,冬月以施寒者,不令人知。若死亡无可敛,则为备棺槥。"①昭明太子的慈善行为涉及赈灾、济贫等方面,而且规模较大。

尤为可贵的是,这一时期还出现了一些终身从事慈善活动的慈善家,其典型人物是赵郡平棘人李士谦。史载李士谦"家富于财,躬处节俭,每以振施为务。……他年饥,多有死者,士谦罄家资为之糜粥,赖以全活者将万计;收埋骸骨,所见无遗;至春,又出田粮种子,分给贫乏。……凶年散谷至万余石,合诸药以救疾疠,如此积三十年"②。李士谦的慈善活动前后达30年,其慈善时间之长、赈施范围之广,在中国古代是极为罕见的。李士谦为虔诚的佛教信徒,其慈善行为无疑受到佛教慈善观念的巨大影响。

(二)济贫

天灾、战祸及苛政使得农民普遍贫穷,奉行慈悲理念的佛教徒对于济贫事业向来不遗余力。东汉末年,笮融以广陵、下邳、彭城三郡委输为资,大兴佛寺,并讲经诵佛,广为布施。《三国志》卷49《吴书·刘繇传》载:"每浴佛,多设酒饭,布席于路,经数十里,民人来观及就食且万人,费以巨亿计。"笮融施舍,就食者近千人,耗资以亿计,由此可见其慈善救济规模之宏大。又如东晋高僧释昙翼,"经游蜀郡,刺史毛璩深重之,……后得饷米千斛,翼受而分施"③。再据《高僧传》载,刘宋高僧释道猛,史称"宋太宗为湘东王时,深相崇荐。及登祚,倍加礼接,赐钱三十万,以供资待。泰始之初,帝创寺于建阳门外,敕猛为纲领。……因有诏曰:'猛法师风道多济,朕素宾友。可月给钱三万,令吏四人,白簿吏二十人,车及步舆各一乘。乘舆至客省。'猛虽有所获,皆赈施贫乏,营造寺庙"④。魏晋南北朝时期,佛寺和僧侣布施的对象,一般是面向贫苦大众,有时也专施给那些特殊的家庭和个人。济施的物品,除酒饭糜粥、粟米等外,又有施以钱币、锦帛的。尽管这种济贫活动的实施有其局限性,但它以慈悲观念为出发点,这就避免了众多民众流离失所、辗转沟壑而死于道途。

---

① 《南史》卷53《昭明太子统传》。
② 《北史》卷33《李士谦传》。
③ 《高僧传》卷5《释昙翼传》。
④ 《高僧传》卷8《释道猛传》。

(三)救病

古代公共卫生条件十分不堪,一遇凶荒,民多疫疠。极贫之民在平时谋一食尚难,更何况瘟疫流行时去问病求医了。魏晋南北朝时期,许多医术高明的僧人,本着慈悲精神对病人进行了大量救济。《高僧传》卷10《神异下》载:"安慧则,未详氏族。……晋永嘉中,天下疾疫,则昼夜祗诚,愿天降神药以愈万民。一日出寺门,见两石形如瓮,则疑是异物,取看之,果有神水在内。疫者饮服,莫不皆愈。"同书卷10《神异下》又载:"诃罗竭者,本樊阳人。少出家,诵经二百万言。……晋武帝太康九年暂至洛阳,时疾疫甚流,死者相继。竭为呪治,十差八九。"以上事例虽然带有浓厚的迷信色彩,但它反映了这些高僧医术高明,疗效显著。

(四)护生

"保护动物"是现代最前卫的环保意识,其实,佛教自古以来就倡导护生的观念,如戒律中的"不杀生"戒、佛教仪式中的"放生",乃至基于慈悲心的"素食"等。这些戒律对许多佛教信仰者影响极大。西晋末年以后,中国北方陷入了长期的民族纷争之中。各少数民族为攻城掠地,相互征伐,肆意残杀,下层民众深受其苦。当时,许多佛教徒从悲悯苍生出发,劝诫这些异族统治者不可安杀无辜百姓。据《高僧传》卷9《神异上》载,羯人石勒喜欢杀戮,很多僧人遇害。高僧佛图澄为了拯救苍生,曾以佛理神通来感化石勒,并劝谏道:"为王者若以德治理国家,那么象征吉祥的四灵(龙、凤、麒麟、龟)就会出现;如果施行暴政,那么预示不详的彗星就会显现。这样世运就会发生变化,从古到今都是这样。"石勒听从了他的规诫,最终停止了杀人。许多人因此得以逃命,人们纷纷信奉佛法。石勒死后,石虎继立后赵的帝位,佛图澄也是苦口婆心地劝他省欲兴慈,不要滥杀。在生灵涂炭的动荡岁月,佛教寺院及其高僧向统治者大力倡戒残杀,并笃行不渝,无疑是肩负了一件对民众很有恩惠的慈善事业。"救人一命,胜造七级浮屠",佛教众僧慈悲为怀,济世度人的高尚人格在此得到完美的诠释。

三、魏晋南北朝佛教慈善事业的特点

魏晋南北朝是中国慈善事业发展史上的一个重要时期,该时期慈善活动十分活跃,施行慈善者除中央和地方各级政府外,民间的慈善事业也颇为发达;特别是随着佛教的兴盛而产生佛寺频繁的慈善活动,使该时期慈善事业呈现出更大的活力,并具有其自身的若干特点。

1. 许多慈善活动深深打上了佛教的烙印

魏晋南北朝时期,上至皇帝王公,下至平民百姓,都有许多佛教的虔诚信仰者,这必然深刻影响到该时期的慈善事业。佛寺和僧侣所主持的慈善活动姑且不论,中国古代已知最早的官私慈善机构——孤独园和六疾馆的出现绝非偶然。孤独园是南朝梁武帝创立,史载,梁武帝普通二年(521年)正月辛巳"于京师置孤独园,孤幼有归,华发不匮。若终年命,厚加料理"①;六疾馆则是竟陵王萧子良和文惠太子萧长懋所立。这三人都是佛教的狂热信徒。

2. 佛寺主持的慈善事业有与官方慈善事业合流的倾向

这主要体现在两方面:一方面,当时统治集团普遍崇佛,帝王带头对佛寺大量施舍,施舍的钱物中有相当一部分被佛寺用于慈善。如后赵高僧单道开,"姓孟,燉煌人,……初止邺城西法綝祠中,后徙临漳昭德寺。……(石)虎资给甚厚,开皆以惠施"②。另一方面,一些政权往往通过佛寺赈灾,使之带有半官方的性质。北齐末年,冀、定、赵、幽、沧、瀛六州发生水灾,朝廷委托佛寺和富室去赈济灾民。"(武平)七年(576年)春正月壬辰,诏去秋已来,水潦人饥不自立者,所在付大寺及诸富户济其性命。"③这种官方通过佛寺救济贫乏的方式对后世造成深远影响。

3. 该时期出现了佛寺慈善机构

医院的起源与佛教有很大的关系。佛门的一些高僧医术高明,而且救人如救己,患病者往往闻名前往求治,远路去的甚至就在寺院中住宿,一直到痊愈时为止,寺院如同医院,也提供医疗住宿。早在北齐时,僧人那连提黎耶舍在邺城建立了收养麻风病人的病坊。史载:"又收养厉疾,男女别坊,四事供承,务令周给。"④唐长孺先生在《魏晋南北朝史论拾遗·读史释词》中认为"厉"即"疠",厉疾为麻风病。佛寺慈善机构的出现,说明当时佛寺经济实力已相当雄厚。

魏晋南北朝佛教慈善事业对当时社会产生了一定的积极作用,对促进社会的稳定和经济文化的发展有一定效果。以往学者在研究该时期的佛教时多持批评态度,认为许多统治者过度佞佛,大量社会财富消耗于修建佛

---

① 《梁书》卷3《武帝纪下》。
② 《高僧传》卷9《神异上》。
③ 《北齐书》卷8《后主高纬纪》。
④ 《续高僧传》卷2《那连提黎耶舍传》。

寺、佛窟和供养僧尼，这种看法多少有点片面。事实上，统治者对佛寺的大量布施，有相当部分被佛寺用于慈善，从而使大量垂死的民众获得了最低限度的生活保障和救助，有助于把濒临崩溃的社会拉回正常轨道，并使它进一步曲折地向前发展。

社会问题余论

北魏贪污之风及原因探析

摘要：北魏时期，上至王公贵族，下到地方官吏，贪墨者比比皆是。其手段之多、范围之广、程度之深，在中国封建社会中很具代表性。造成北魏贪风盛行的原因很多，既有君主专制造成的影响，又有官爵无禄、监察机制缺失、官吏选拔不规范、惩贪政策无力等因素。分析北魏时期的贪污之风及其成因，可以为我国现今的反贪廉政建设提供一些历史借鉴。

关键词：北魏；贪污之风；原因

吏治腐败是历朝历代统治者在政治上都难以根治的顽疾。在中国两千多年的封建王朝中，官吏贪墨的例子不胜枚举，学者王亚南有过这样的一句描述："中国一部二十四史实是一部贪污史。"①北魏是中国历史上吏治非常混乱的时期，《魏书》目录序载"吏多贪墨"、"货赂大行"。探讨北魏一朝贪污之风的特点及成因，对我国今天的反贪廉政建设具有积极的借鉴意义。

一、北魏官吏贪污之风盛行

北魏时期官吏贪污腐败严重，整个官僚集团贪风盛行，并因此造成北魏政治腐败、社会矛盾尖锐，最终导致北魏政权的衰亡。北魏时期官吏的贪污腐败主要表现如下。

（一）官僚集团取财手段多样

历朝贪官取财的方法很多，北魏时期由于贪腐之风在整个官僚集团的盛行，贪官取财的手段更趋多样化，在这里简单列举几种北魏时期贪官惯用的取财方式。

1. 收受贿赂

贪污受贿是历朝贪官最为惯用的手段，而在北魏时期这种手段更是被发挥得淋漓尽致。在这里简单列举几个典型者，以见官员腐败之一斑。北

---

① 王亚南：《中国官僚政治研究》，中国社会科学出版社2005年版，第101页。

海王元详,孝文帝弟,在宣武帝时为皇帝之叔父,"迁侍中、大将军、录尚书事"①,位高权重。元详凭借显赫地位与权威大肆地收受贿赂。史载齐州刺史邓羡"行货于录尚书、北海王详,转大司农少卿。出行荆州事,转征虏将军、郢州刺史,镇义阳。在州锐于聚敛。又纳贿于于忠,征为给事黄门侍郎。寻加后将军、河南尹,黄门如故。未拜,而灵太后临朝,以元昭为河南尹,羡仍黄门,加平南将军。羡以义阳军司之勋,封安阳县开国子,邑三百户。羡曲附左右,故获封焉。"②再如虎牢镇将公孙轨,辖治上党,"初来单马执鞭;返去,从车百辆,载物而南"③,公孙轨所载之物绝大部分是贪污受贿而来。又如汉南太守赵超宗,"多所受纳",名声极坏,但他"货赂太傅北海王详,详言之于世宗,除持节、征虏将军、岐州刺史"④。以上所列举都是《魏书》中关于北魏时期官员收受贿赂的真实记载。

2. 卖官鬻爵

北魏时期,卖官是吏部官员敛财最为常用的手段之一。宣武帝时,吏部尚书元晖,掌管当时整个北魏官吏的任免大权,而这种权力却成为他取财的门路。史载元晖"纳货用官,皆有定价,大郡二千匹,次郡一千匹,下郡五百匹,其余官职各有差",被人称为"市曹"⑤。又如元脩义"累迁吏部尚书。及在铨衡,唯专货贿,授官大小,皆有定价。时中散大夫高居者,有旨先叙,时上党郡缺,居遂求之。脩义私已许人,抑居不与。居大言不逊,脩义命左右牵曳之。居对大众呼天唱贼。人问居曰:'白日公庭,安得有贼?'居指脩义曰:'此座上者,违天子明诏,物多者得官,京师白劫,此非大贼乎?'"⑥。当时,不仅朝廷的官位可以买到,甚至地方官的僚属都有人买卖,如齐州刺史高遵,"选召僚吏,多所取纳"⑦。

3. 强取豪夺

北魏是由少数民族鲜卑族在征战的过程中建立起来的政权。解占录曾在《试论北魏的掠夺经济》一文中详细介绍了掠夺式经济在北魏政权的建立和巩固过程中所起的巨大作用,但不可否认的是在掠夺战争过程中一些鲜

---

① 《魏书》卷21《北海王详传》。
② 《魏书》卷24《邓渊传附邓羡传》。
③ 《魏书》卷33《公孙轨传》。
④ 《魏书》卷52《赵超宗传》。
⑤ 《魏书》卷15《元晖传》。
⑥ 《魏书》卷19《元脩义传》。
⑦ 《魏书》卷89《高遵传》。

卑族出身的地方官嗜掠成性,把掠夺财富看成比劳动"更容易甚至更荣誉的事情"①,且在战争结束之后仍不能改掉掠夺财富的恶习。如元晖"出为冀州刺史,下州之日,连车载物,发信都,至汤阴间,首尾相属,道路不断。其车少脂角,即于道上所逢之牛,生截取角以充其用。晖检括丁户,听其归首,出调绢五万匹。然聚敛无极,百姓患之"②。又如高遵,"在中书时,每假归山东,必借备骡马,将从百余,屯逼民家求丝缣,不满意则诟骂不去,强相征求。旬月之间,嫌布千数。邦邑苦之"③。再如孝明帝时肆州刺史元深,后为恒州刺史,"在州多所受纳,政以贿成,私家有马千匹者必取百匹,以此为恒"④。这些都是北魏时期官员巧取豪夺的真实写照。

4. 纵容亲属搜刮百姓

北魏贪吏纵容家眷收搜百姓者甚多,如宣武帝时,元鉴在齐州任职刺史,他哥哥元和"罢沙门归俗,弃其妻子,纳一寡妇曹氏为妻。曹氏年齿已长,携五人随鉴至历城,干扰政事。和与曹及五子七处受纳,鉴皆顺其意,言无不从"⑤。又如豫州刺史崔逞,"遣子析户,分隶三县,广占田宅,隐匿官奴,障吝陂苇,侵盗公私"⑥。再如元继是骠骑大将军元叉的父亲,仗着儿子的权势,晚年"更贪婪,聚敛无已。牧守令长新除赴官,无不受纳货贿,以相托讨。妻子各别请属,至乃郡县微吏,亦不得平心选举。凭叉权势,法官不敢纠摘,天下患之"⑦。

(二)官吏贪污人数众多

北魏时期上至王公贵族,下到地方官吏,贪墨者比比皆是。梁满仓先生曾在《北魏后期的贪污之风与治贪之策》一文中列举了北魏后期的 25 个王公贵族中的贪吏,进而指出"北魏后期王公贵族中有贪迹可稽者不止这 25 人。但仅就这 25 人,北魏后期王公贵族的贪风之盛便可见一斑了"⑧。《魏书》中关于北魏时期王公贵族贪污腐败的例子也不胜枚举,如宜都王拓跋目

---

① 恩格斯:《家庭、私有制和国家的起源》,人民出版社 1995 年版,第 164 页。
② 《魏书》卷 15《元晖传》。
③ 《魏书》卷 89《高遵传》,第 1301 页。
④ 《魏书》卷 18《元渊(深)传》。
⑤ 《魏书》卷 16《元鉴传》。
⑥ 《魏书》卷 89《崔逞传》。
⑦ 《魏书》卷 16《江阳王继传》。
⑧ 梁满仓《北魏后期的贪污之风及治贪政策》,《探索与争鸣》1991 年第 3 期,第 37~44 页。

辰任雍州刺史时"好财利,在州政以贿成"①;元志在扬、雍二州任职时"耽好声技,在扬州日,伺侧将百人,器服珍丽,冠于一时。及在雍州,逾尚华侈,聚敛无极"②;元寿兴亦是有名的贪吏,史载,"盛弟寿兴,少聪慧好学。世宗初,为徐州刺史,在州贪虐,失于人心"③;元诞宣武帝时任齐州刺史,"在州贪暴,大为人患,牛马骡驴,无不逼夺"④。以上所列举的仅是北魏时期王公贵族中贪污腐败的典型代表。

上行下效,在上流社会贪污之风影响下,地方官也利用自身的职务之便,多方聚敛钱财。北魏时期,地方官员贪污腐败所涉及人数之多、地区之广十分惊人。除前文中提到的雍州、扬州、徐州、冀州外,像定州、豫州、司州、恒州、汉南、清河、荆州、肆州、梁州、秦州、营州、凉州、夏州等地区,在《魏书》中均可找到官吏贪污留下的记载。如定州刺史胡泥,"以暴虐,刑罚酷滥,受纳货贿,征还戮之"⑤。又如秦益二州刺史李洪之,"素非廉清,每多受纳。时高祖始建禄制,法禁严峻,司察所闻,无不穷纠。遂锁洪之赴京。高祖临太华,庭集群官,有司奏洪之受赃狼藉,又以酷暴。高祖亲临数之,以其大臣,听在家自裁"⑥。再如幽州刺史张敕提,"颇纵妻段氏,多有受纳,令僧尼因事通请,贪虐流闻。中散李真香出使幽州,采访牧守政绩。真香验案其罪,敕提惧死欲逃"⑦。总之,在北魏政权(386—557年)存在的172年中,贪官几乎遍布整个北魏统治区域。

二、北魏贪污之风形成的原因

导致北魏时期官吏贪污之风盛行的原因很多,概括起来有以下几点。

(一)封建君主专制是官员贪污腐败的根源

北魏是鲜卑族拓跋部建立的政权。北魏政权建立之初已经具备封建政权基本的特征——中央集权的封建君主专制。封建君主专制制度下的君主以维护其政治和经济利益为最终目的,他们最关心的只是帝位稳固,对于各级官吏,最重要的是忠于自己,至于清廉与否则不如忠诚重要。所以官吏贪

---

① 《魏书》卷14《宜都王目辰传》。
② 《魏书》卷14《元志传》。
③ 《魏书》卷15《元寿兴传》。
④ 《魏书》卷19上《元诞传》。
⑤ 《魏书》卷89《胡泥传》。
⑥ 《魏书》卷89《李洪之传》。
⑦ 《魏书》卷89《张敕提传》。

污腐败、聚货敛财，一般能够得到一定的宽容。为了维护整个官僚阶层的稳定，在没有危害到其政权统治稳定的情况下，君主可能对贪污腐败行为装聋作哑，视而不见，以达到一定程度上的权力平衡。而这最终造成了对贪污腐败行为的纵容，形成了积重难返的体制性腐败。这一情况在北魏时期能够得到最好的证明。北魏政权的建立得益于鲜卑族各部落的勇猛征战，为了提高各部落征战的积极性，统治者鼓励在征战过程中进行自由掠夺，这就使得北魏官员把抢货夺财看成是一项很荣耀的事情，以致在北魏出现"吏多贪墨"、"货赂大行"的现象。虽然北魏前期，道武帝、明元帝、太武帝都曾采取一定的措施来惩治官员的贪污腐败问题，由于其整治贪污腐败的决心和力度有限，贪风一直是盛行不抑。直到孝文帝时期，才开始大力整治贪风，虽然取得一些成效，但终北魏一朝，官员的贪污腐败问题一直没有得到彻底解决。

（二）百官无禄是官员贪污腐败的重要原因

日本学者衣川强曾指出，"能够全赖俸给生活的官僚，是不存在的；也就是说，纯靠俸给生活的官僚是不可能有的"①。卜照晶在《清代吏治腐败原因初探》一文中也指出，"低薪制度在中国古代是很普遍的现象，极大地推动了官员的贪污行为"。北魏是一个由少数民族建立起来的政权，既效仿了汉人封建政权建立的基本模式，又保留了本民族的特点，而"百官无禄"是北魏政权初期政治上的一大特点。官吏为国家尽心尽力工作，却不能得到稳定的收入，其经济来源仅依靠皇帝的赏赐和有限的供给制。而那些没有得到皇帝赏赐的官吏则要自行解决生活问题，所以"衣食不给"就成为北魏一部分官吏的生活写照。史书记载，文成帝时中书令高允，"常使诸子樵采自给……家贫布衣，妻子不立，……惟草屋数间，布被缊袍，厨中盐菜而已"②。高允身为国家的高级管理人员，社会地位尊贵，但生活却如此窘迫，其中下层官吏的生活状况就可想而知了。北魏初期，由于百官无禄，越来越多官吏不守"操行"，走向贪腐之路，其中一个重要原因就是为了生存的需要。太和八年（484年）孝文帝改革官制，实行官俸制，并对一些贪官污吏进行打击，结果汝阴王拓跋天赐、南安王拓跋桢被孝文帝贬为平民，齐州刺史高遵、幽州刺史张赫提、徐州刺史元郁都被孝文帝赐死。但孝文帝之后，北魏治贪惩贪的

---

① 刘泽华，王茂和，王兰仲：《专制权力与中国社会》，天津古籍出版社2005年版，第126~127页。
② 《魏书》卷48《高允传》。

力度减小,贪风再次盛行,直到北魏政权灭亡。

(三)监察机制不健全导致官吏严重贪污

北魏前期,监察机制不健全致使官吏贪污腐败不能得到及时有效的遏制。据《魏书》记载,道武帝皇始元年(396年)"始建曹省,备置百官,封拜五等"①,天兴元年(398年)"典官制,立爵品"②,北魏的官僚机构就在这些具体的职官设置的过程中渐渐形成,而御史台也正是在北魏初期建置百官的活动中设立起来。如《通典》卷24《职官·御史台》载:"后魏之制,有公事,百官朝会,名簿自尚书令、仆以下,悉送南台。"此处之南台即沿用传统对御史台的惯称。时隔不久,北魏于天兴四年(401年),"罢外兰台御史,总属内省"③。之后设侯官,行监察之权。直到明元帝、太武帝,才又见重设御史台及陆侯、周几、安颉、乌侯等人任职的记载。究竟什么时候重新设置的,也不得而知。由此可以得知,北魏前期监察机构的设置具有随意性和不稳定性。在这样的监管机制下,很难对官吏进行有效监督。虽然据《魏书》前期诸帝《本纪》统计,从道武帝天兴元年(398年)至太武帝太平真君元年(440年),北魏共9次遣使巡行地方以奏察访守宰不法,但这种"遣使巡行"的突击方式数年才一次,各级官吏只要避过风头,就又可以继续进行贪污受贿、聚敛钱财的不法勾当。

(四)"停年格"制助长了官僚集团的贪污之风

"停年格"是北魏孝明帝时期开始实行的一种选官制度。北魏后期,武人为了改变自身的政治地位,经常聚众闹事,为了防止武人造反,威胁政权,统治者被迫实行"停年格"制。"停年格"制即"不问士之贤愚,专以停解日月为断。虽复官需此人,停日后者终于不得;庸才下品,年月久者灼然先用"④。意思是说授官不论才能,一律以年资先后,凡有空缺职位,不问贤愚,选择停解年月日久的优先录用。"停年格"制的实行确实起到了缓和上述矛盾的作用,但也在一定程度上助长了官吏的贪污腐败之风。时人指出"自神龟末来,专从停年为选。……执按之吏,以差次日月为功能;铨衡之人,以简用老旧为平直。且庸劣之人,莫不贪鄙。委斗筲以共治之重,托硕鼠以百里

---

① 《魏书》卷113《官氏志》。
② 《魏书》卷113《官氏志》。
③ 《魏书》卷113《官氏志》。
④ 《魏书》卷66《崔亮传》。

之命,皆货贿是求,肆心纵意。禁制虽烦,不胜其欲"①。显然,这种不问贤愚的选官方法,加深了吏治的腐败,大批毫无才能的武夫混入官场,出州宰民,助长了官僚集团贪污腐败的风气②。

(五)重惩贪官的政策没有得到连续贯彻

北魏前期由于官吏管理混乱,百官无禄等一系列的原因使得贪风盛行,这给当时的北魏统治带来了严重的危害。孝文帝时开始大规模的反贪治贪工作,且手段之严厉实属罕见。孝文帝首先将过去的"枉法十匹,义赃二百匹大辟"改为"义赃一匹,枉法无多少皆死"③,显示了重惩贪官的决心。另外,孝文帝还从近臣和皇亲国戚入手,对贪官进行严厉打击。如南安王拓跋祯在职期间"不顺法度,然货聚敛"④,宗室汝阴王怀朔镇大将拓跋天赐,为官"贪残"⑤,二人均"依犯论坐"。虽然二人在冯太后的干预下勉强保住性命,但也落得"以庶人归第,禁锢终身"⑥的严厉处分。此外,济阴王元郁"以赎货赐死"⑦,临淮王元提"以贪纵削除,加罚,徙配北镇"⑧,齐州刺史高遵、幽州刺史张赫提等,也都因贪污受贿而被赐死。孝文帝大规模地从严治贪对当时贪污之风起到了很大的抑制作用,在孝文帝统治时期内,官僚集团的贪污问题也在一定程度上得到遏制。但孝文帝之后,北魏政府对贪官污吏的惩治就逐渐放松下来,"义赃一匹,枉法无多少皆死"也早已成为一纸空文。史载清河太守高双"浊货将刑,在市遇赦免。时北海王详为录尚书,双多纳金宝,除司空长史。未几,迁太尉长史,俄出为征虏将军、凉州刺史。专肆贪暴,以罪免。后货高肇,复起为幽州刺史。又以贪秽被劾,罪未判,遇赦复任"⑨。从高双的经历可以看出,孝文帝时期的治贪之策早已不复存在了。

(六)上流社会豪奢生活需要法外取财做支撑

北魏时期,部分上流社会中的王公贵族不仅生活豪奢,而且攀比斗富成风。他们为了满足豪奢生活和攀比斗富带来的巨额开支,常常依靠自身的

---

① 《魏书》卷77《辛雄传》。
② 罗欣:《北魏选官制度的变迁》,南昌大学人文学院硕士论文,第37—39页。
③ 《魏书》卷111《刑罚志》。
④ 《魏书》卷19下《南安王桢传》。
⑤ 《魏书》卷19上《汝阴王天赐传》。
⑥ 《魏书》卷19下《南安王桢传》。
⑦ 《魏书》卷19上《济阴王小新成传》。
⑧ 《魏书》卷18《临淮王谭传》。
⑨ 《魏书》卷62《高道悦传》。

特殊地位,贪污腐败,法外取财成为其便捷而有效的敛财途径。关于北魏鲜卑贵族生活的腐化和攀比斗富现象,《洛阳伽蓝记》中多有记载。北魏"帝族王侯、外戚公主,擅山海之富,居川林之饶,争修园宅,互相夸竞。崇门丰室,洞户连房,飞馆生风,重楼起雾;高台芳榭,家家而筑,花林曲池,园园而有;莫不桃李夏绿,竹柏冬青"①。在这些鲜卑贵族中,生活奢华尤以河间王元琛、高阳王元雍等人表现最为突出。河间王元琛"造迎风馆于后园,窗户之上,列钱青琐,玉凤衔铃,金龙吐佩,素柰朱李,枝条入檐,伎女楼上,坐而摘食"②,其生活奢华程度令世人咋舌。而高阳王元雍更是毫不逊色,史载"雍为尔朱荣所害也,舍宅以为寺。正光中,雍为丞相,给羽葆鼓吹,虎贲班剑百人。贵极人臣,富兼山海,居止宅第,匹于帝宫。白殿丹槛,窈窕连亘,飞檐反宇,輗輵周通。僮仆六千,妓女五百,隋珠照日,罗衣从风,自汉晋以来,诸王豪侈,未之有也。出则鸣驺御道,文物成行,铙吹响发,笳声哀转。入则歌姬舞女,击筑吹笙,丝管迭奏,连宵尽日。其竹林鱼池,侔于禁苑,芳草如积,珍木连阴"③。从《洛阳伽蓝记》中对元琛和元雍住宅建造情况的记载,可见其生活奢华的程度。根据对北魏时期官吏薪俸的考察,官吏要维持如此奢华的生活,只依靠其当时的官俸收入是远远不够的,法外敛财便成为其首选的捷径,而《魏书》中对元琛等人贪墨的记载也更好地说明了这一点。史载,元琛"出为秦州刺史。在州聚敛,百姓呼嗟。属东益、南秦二州氐反,诏琛为行台,仍充都督,还摄州事。琛性贪暴,既总军省,求欲无厌,百姓患害,有甚狼虎"④。

关于北魏贪风盛行的原因,除了以上六个方面外,还应考虑北魏后期的恩赏制。北魏孝文帝改革后,开始实行官俸制,大规模的班赏逐渐退出历史舞台,随之出现的是对个别官员的恩赏。如孝文帝时的王叡,被文明皇后"赏赉财帛以千万亿计"⑤;宦官王遇因受到文明太后的赏赐成为当时的"富室"⑥;孝明帝时的元略,赏赐"帛三千匹、宅一区、粟五千石,奴婢三十人"⑦。据《魏书》卷55《游明根传》记载,大鸿胪游明根前后受赏钱10万,帛2800

---

① 杨衒之:《洛阳迦蓝记》,中华书局2010年版,第362页。
② 杨衒之:《洛阳迦蓝记》,中华书局2010年版,第361页。
③ 杨衒之:《洛阳迦蓝记》,中华书局2010年版,第302页。
④ 《魏书》卷20《河间王若传附元琛传》。
⑤ 《魏书》卷13《文成文明皇后冯氏传》。
⑥ 《魏书》卷94《王遇传》。
⑦ 《魏书》卷19下《东平王略传》。

匹,谷2000斛,此外还有车马幄帐被褥锦袍住宅等物。而北魏官员一年的官俸,从一品到九品,也只有帛1300～46匹不等,折合粮为5200～184斛①。从赏赐的数量和官员的俸禄进行对比可得知,即使是一品官员一年的俸禄也抵不上一次赏赐的收入。巨大的收入差距使得那些没有机会得到赏赐的低收入官员开始采取其他途径进行敛财,这样,官吏贪污腐败的现象就在所难免了。

　　总之,北魏时期官吏的贪污腐败问题十分严重,而导致北魏官吏贪污之风盛行的原因很多,既有政治体制方面的因素,也有社会经济方面的影响。通过对北魏时期贪污之风盛行成因的分析,说明在封建君主专制制度下,治贪反腐工作不仅难度极大,而且还是一个长期性的系统工程。只有对官僚制度本身进行全面的改革,才能使吏治清明。这些对于今天的政府权力监督和反腐倡廉,具有重要的借鉴意义。

---

① 朱大渭:《魏晋南北朝的官俸》,《中国经济史研究》1986年第4期,第66页。

北魏孝文帝反贪廉政述论

摘要：北魏前期监察机构不健全，官爵无禄，使吏治腐败。孝文帝时期建立正常的官吏考核、升迁制度，以俸养廉，又以严法治贪，树立御史台权威，提高其权力，敢于从亲近者正法，进行正面教育，故在澄清吏治、减少腐败现象的发生方面成效显著。

关键词：北魏；孝文帝；反贪；廉政

北魏孝文帝拓跋宏，是中国历史上一位具有雄才大略的著名的少数民族封建君主。目前，史学界关于他迁都洛阳，全面推行汉化政策，积极推动民族融合等方面的研究已有很多成果，但对他在位时期的反贪廉政研究，则显得薄弱。随着社会发展，廉政建设已成为一个国际性问题而引起了各国的普遍重视。显然，探讨北魏孝文帝时期的反贪廉政措施，对于我国今天的政治文明建设具有积极的借鉴意义。

一、孝文帝惩贪反腐的历史背景

北魏统治前期，即从道武帝拓拔硅建国到太武帝拓跋焘统治时期，旧本《魏书》目录序载"吏多贪墨""货赂大行"，是北魏历史上吏治十分混乱的时期。史书对道武帝时期吏治情况记载甚少，但从这时政府不断遣使巡行州郡以"举奏守宰不法者"①的历史现象中可以看出，当时牧守侵民的情况是经常发生的。至明元帝时，仍然是"天下守令多行非法"②。永兴三年(411年)明元帝派别北新侯安同，南平公长孙嵩等循察并、定诸州。安同至并州，上表称："窃见并州所部守宰，多不奉法。"甚至刺史与县令相互勾结，"交通财贿，共为奸利"③。始光四年(427年)，太武帝行巡中山，小小一郡，则"守宰

---

① 《魏书》卷2《太祖道武帝纪》。
② 《魏书》卷4《世祖太武帝纪上》。
③ 《魏书》卷30《安同传》。

贪污免者十数人"①,其贪官之多,令人震惊。又如虎牢镇将公孙轨,辖治上党,"其初来,单马执鞭;返去,从车百辆,载物而南"②。正是这帮贪官污吏之生动写照。

严格讲来,在北魏统治前期,政府并非是放纵贪污,不重视吏治,而是采取了一些措施进行整顿,处理也较严。据《魏书·刑罚志》载,道武帝末年"刑罚颇为滥酷",明元帝时期"刑禁重"③,太武帝治下,"大臣犯法,无所宽假"④。另外,为了加强对地方官吏的监察,北魏还不定期地派遣中央重要官员为大使巡行各地。但综观全局,终究是成效甚微。

二、孝文帝时期的反贪措施

文成帝和献文帝时期加快了吏治建设步伐。孝文帝时,随着大刀阔斧的反贪惩贪工程的展开,北魏吏治达到历史上的最好时期。孝文帝反贪措施具体有以下几个方面。

(一)任人唯贤,严职官之选任

历史上,一国一朝的治与乱,往往与最高统治者的用人政策有着直接关系。举贤任能,其政权就会得到巩固,社会就会进步;反之,弃贤专己,其政权就会乱亡。这是历史的经验。孝文帝拓跋宏在北魏社会发展的客观要求下,在认真总结历史经验的基础上,十分重视人才,把人才当作立国富强的根本。因此,魏孝文帝在选人任官方面是选贤任能。不仅打破民族界限,而且还超越了士庶界限。他尤其重视汉族人才。如王肃,太和十九年(495年)从南齐投奔北魏,魏孝文帝对王肃的才华非常欣赏;对王肃所献的经国之道、治乱之策,大为赞赏,遂委之以大任,让王肃主持制定"官品百司"制度。王肃也以过人的才智赢得了孝文帝的信任,因而,孝文帝对他的"器重礼遇"日甚一日,以致"亲贵旧臣莫能间也"⑤。魏孝文帝不仅从世家大族中选拔人才,而且还委任寒门庶族,起用失意人才。如李彪"家世寒微,少孤贫,有大志,笃学不倦"⑥,虽然出身于寒门,但由于学识渊博,具有"刚辩之才,颇堪时

---

① 《魏书》卷4《世祖太武帝纪上》。
② 《魏书》卷33《公孙轨传》。
③ 《魏书》卷111《刑罚志》。
④ 《北史》卷2《世祖太武帝纪》。
⑤ 《魏书》卷63《王肃传》。
⑥ 《魏书》卷62《李彪传》。

用,兼忧吏若家"①,有治国之术,所以受到孝文帝的重用,累官至御史中尉兼度支尚书。李彪针对当时北魏社会发展的现实,上七条封事给魏孝文帝,提出七项有关政治、经济诸方面的建议,均被孝文帝所采纳。李彪辅佐孝文帝打击豪强,澄清吏治,政绩显著,使"远近畏之,豪右屏气"②,成为孝文帝的股肱之臣。孝文帝在一次宴会上曾对尚书仆射李冲说:"李彪之直,是我国家得贤之基。"③孝文帝宠信李彪,甚至不呼其名,而呼之为"李生",并且从容对群臣说:"吾之有李生,犹汉之有汲黯。"④

北魏不拘一格广泛选拔人才,使胡汉各族大批富有才德的代表人士进入了政权机构。他们感念朝廷的知遇之恩,竭忠奉上,成为北魏统治者的基干力量。任人唯贤的职官选任制度在一定程度上避免了良莠不分的现象,为防治官吏的腐败构筑了第一道屏障。

(二)行官禄之制以养廉

俸禄是国家对官吏的酬劳,反映了古代"主卖官爵,臣卖智力"的雇佣关系。建立在农业经济基础之上的中原华夏王朝,至迟在战国时期就已经建立了官吏俸禄制度。俸禄之制的确立,较之以战争掠夺和按战功或事功进行赏赐作为社会财富再分配的主要方式,无疑是一大进步,同时也有助于抑制官吏残暴的本性,限制官吏的贪欲。

北魏太和八年(484年)六月,孝文帝下诏曰:"置官班禄,行之尚矣。周礼有食禄之典,二汉著受俸之秩。逮于魏晋,莫不聿稽往宪,以经纶治道。自中原丧乱,兹制中绝,先朝因循,未遑厘改。朕永鉴四方,求民之瘼,夙兴昧旦,至于忧勤。故宪章旧典,始班俸禄。……户增调三匹、谷二斛九斗,以为官司之禄。……禄行之后,赃满一匹者死。"⑤如秦益二州刺史李洪之,"素非廉清,每多受纳。时高祖始建禄制,法禁严峻,司察所闻,无不穷纠。遂锁洪之赴京。高祖临太华,庭集群官,有司奏洪之受赃狼藉,又以酷暴。高祖亲临数之,以其大臣,听在家自裁"⑥。此外,北魏王朝还以其他形式对职官俸禄予以补贴,诸如皇族成员的岁禄、贵族的食邑、职官的职分田等。

北魏俸禄制的颁行,为贵族和官僚直接带来了巨大的现实经济利益,换

---

① 《魏书》卷62《李彪传》。
② 《魏书》卷62《李彪传》。
③ 《魏书》卷62《李彪传》。
④ 《魏书》卷62《李彪传》。
⑤ 《魏书》卷7《高祖孝文帝纪上》。
⑥ 《魏书》卷89《李洪之传》。

取了他们对北魏统治更加广泛的支持,加速了鲜卑贵族向封建主的转化。同时,官吏队伍在自身物质利益得到基本保障和满足的情况下,贪污腐败之风自然有所收敛。正如太和重臣高闾所论:"君班其俸,垂惠则厚;臣受其禄,感恩则深。于是贪残之心止,竭效之诚笃,兆庶无侵削之烦,百群备礼容之美。……今给其俸,则清者足以息其滥窃,贪者足以感而劝善。如不班禄,则贪者肆其奸情,清者不能自保。"①丰厚的俸禄起到了一定的养廉作用。

(三)厉行职官考课黜陟之法

职官考课制度是通过一定的考绩方法,对职官履行职责及行政建树进行考核和鉴评,并对其行政素质和法律素养进行检验,根据考核结果决定黜陟赏罚,以达到提高官吏素质、整饬吏治、消除腐败因素、提高行政效能的目的。北魏职官考课之制形成于孝文帝时期。延兴二年(472年)孝文帝下诏曰:"书云:'三载一考,三考黜陟幽明。'顷者以来,官以劳升,未久而代,牧守无恤民之心,竞为聚敛,送故迎新,相属于路,非所以固民志,隆治道也。自今牧守温仁清俭、克己奉公者,可久于其任。岁积有成,迁位一级。其有贪残非道,侵削黎庶者,虽在官甫尔,必加黜罚。著之于令,永为彝准。"②文明太后死后,孝文帝为了提高吏治的质量,加强对百官的督察,缩短了黜陟的年限,改为三年一考绩,考即黜陟。太和十八年(494年)下诏曰:"三载考绩,自古通经;三考黜陟,以彰能否。今若待三考然后黜陟,可黜者不足为迟,可进者大成赊缓。是以朕今三载一考,考即黜陟,欲令愚滞无妨于贤者,才能不壅于下位。各令当曹考其优劣,为三等。六品以下,尚书重问;五品以上,朕将亲与公卿论其善恶。上上者迁之,下下者黜之,中中者守其本任。"③这样就使德才兼备之人能通过正常渠道得到升迁,而才庸德劣之辈遭到罢黜,从而防止了一些人以不正当手段捞官、保官,在组织上保证了官吏队伍的纯洁性。

(四)建立和完善监察机制

北魏前期监察机构无力。御史台置省不定,而实际负责中央及地方监察的内外"侯官",一是设置太滥,人员猥杂;二是职责履行不好,只会收集百官的小疵小过去大做文章。太和三年,孝文帝诏责侯官曹:"今侯职千数,奸

---

① 《魏书》卷54《高闾传》。
② 《魏书》卷7《高祖孝文帝纪上》。
③ 《魏书》卷7《高祖孝文帝纪下》。

巧弄威,重罪受赇不列,细过吹毛而举,其一切罢之。"①后虽更置,以"谨直者"数百人任职,但从此候官地位渐衰,御史台逐渐恢复其地位和权力。

为了充分发挥御史台的监察作用,树立御史权威,孝文帝制定颁布《御史令》,明确规定:"中尉督司百僚;治书侍御史纠察禁内。""中尉出行,车辅前驱,除道一里,王公百辟避路。"②与此同时,孝文帝还亲自树立御史威信。如书侍御史薛聪,"凡所弹劾,不避强御,孝文或欲宽贷者,聪辄争之"。孝文帝不但不以为忤,反而以此教育辟臣道:"朕见薛聪,不能不惮,何况诸人乎?"③至于以刚直著称,使"天下改目,贪暴敛手"的御史中尉李彪,孝文帝更是褒扬有加,多次在群臣面前亲切地呼他为"李生",是"国家得贤之基"④。皇帝对御史工作旗帜鲜明地支持,自然使御史之声望大增,御史们胆气大壮,也自然使得那些贪赃枉法、徇私舞弊的"贵戚敛手"⑤"豪右屏气"⑥,从而使反贪廉政工作的顺利开展有了一定的组织保障。

(五)从亲近者入手,严惩贪官污吏

反贪需要制定法律,然而如果有法不依,法律则成空文。在这个问题上孝文帝的认识是比较清楚的。他对那些违法贪赃、不称职的宗室贵戚实行严厉打击,毫不手软,该罢官的罢官,该杀头的杀头。如他的从祖父南安王元桢身兼侍中、征西大将军、雍州刺史要职,可谓是官位显赫的"国戚旧人"了。但元桢恃亲不法,"傲慢贪奢,不恤政事;饮酒游逸,不择交友"⑦。孝文帝劝诫其要谨慎从事,他却置若罔闻,最后被孝文帝"削除封爵,以庶人归弟,禁锢终身"⑧。再如赵郡王元干是孝文帝的堂兄弟,元干在洛阳"贪淫不法",御史中尉李彪曾奉孝文帝之命私下谓干曰:"殿下,比有风闻,即欲起弹,恐损圣明委托之旨,若改往修来,彪当不言,脱不悛改,夕闻旦发。"而他"悠然不以为意,彪乃表弹之"。后来,孝文帝召见元干,密令左右"察其意色,知无忧悔,乃亲数其过,杖之一百,免所居官,以王还弟"⑨。孝文帝本着

---

① 《魏书》卷111《刑罚志》。
② 《魏书》卷14《子思传》。
③ 《北史》卷36《薛聪传》。
④ 《魏书》卷62《李彪传》。
⑤ 《北史》卷36《薛聪传》。
⑥ 《魏书》卷62《李彪传》。
⑦ 《魏书》卷19下《南安王桢传》。
⑧ 《魏书》卷19下《南安王桢传》。
⑨ 《魏书》卷21上《赵郡王幹传》。

"贤者虽疏必进,不肖者虽亲必黜"①的原则,黜陟百官,大行赏罚。太和年间,曾一次就处分了自尚书令以下官吏20多人,其中包括宗室广陵王元羽、左仆射元赞、吏部尚书元澄及元景等人,"并以不职,或解任,或黜官,或夺禄,皆面数其过而行之"②。从宗室、戚属、亲信头上开刀,显示了孝文帝反贪的决心,造成了反贪的巨大声势。在这种大规模强力度的打击下,北魏吏治出现了根本性的好转。

(六)进行正面教育,树立良好社会风气

在大力打击贪官污吏的同时,孝文帝还十分注意良好社会风气、正气的培养。他本人"性俭素"③,从不铺张浪费,做到以身作则。对"廉谨自修"④、"在州有声绩"⑤的任城王元云、郢州刺史韦珍等给予提拔表彰,赐以重赏,以为百官榜样。他还在全国大力提倡儒学,强调为官应忠贞清廉的观念。这一系列政策措施的推行大大提高了吏治的质量。

总之,孝文帝在位期间,锐意求治,采取各种措施进行廉政建设,澄清吏治,减少腐败现象成效显著。史称,孝文帝时,"肃明纲纪,赏罚必行,肇革旧轨,时多奉法"⑥。先后涌现出一批在当时历史条件下堪称具有优秀政治品质和高尚操守气节的清官廉吏,诸如为官数载,"不营产业,身死之日,家无余财"⑦的常山太守张恂;"履行贞素,声绩著闻。妻子樵采以自供"⑧的鲁郡太守张应;"轻财洁己,终无受纳,为百姓所思,号为良守"⑨的平阳太守杜纂;"为治有方,威惠甚著,……所得俸禄,分恤贫穷,……不事家产,宅不过三十步,又无田园。暑不张盖,寒不衣裘"⑩的东荆州刺史裴佗等。

---

① 《魏书》卷21上《广陵王羽传》。
② 《资治通鉴》卷139《齐纪五》。
③ 《魏书》卷7《高祖孝文帝纪下》。
④ 《魏书》卷19中《任城王云传》。
⑤ 《魏书》卷45《韦珍传》。
⑥ 《魏书》卷88《良吏传》。
⑦ 《魏书》卷88《张恂传》。
⑧ 《魏书》卷88《张应传》。
⑨ 《魏书》卷88《杜纂传》。
⑩ 《魏书》卷88《裴佗传》。

略论诸葛亮法制思想

摘要:诸葛亮不仅是著名的政治家和军事家,而且是一位杰出的思想家和实践家。他在治理蜀国过程中逐渐形成了儒法兼容、仁政与法治并举的思想体系。其特征为:教刑并举,先教后刑;赏罚分明,刑不择贵;明罚己过,正身行令;进贤退贪,迁善黜恶。通过诸葛亮法治思想的实践,使得蜀国在三国鼎立、诸侯割据的战乱年代成为吏治清明、经济发达、政绩显著的国家。

关键词:诸葛亮;法治;教化;正身;进贤

诸葛亮是中国古代著名的大政治家、军事家、思想家,也是中国古代智慧人物的象征。他执政期间,蜀汉国家安定,经济发展,政治清明,官员廉洁,社会风气良好,百姓安居乐业。因此,诸葛亮死后,长期为各族人民所怀念。诸葛亮治蜀取得的政绩与他的法治思想是分不开的,其法治思想内容丰富而精辟,是我国传统文化的瑰宝。对其加以继承、弘扬,对当今搞好法制建设和反腐败斗争,具有较大的现实意义。

一、诸葛亮法制思想形成的原因

建安十六年(211年),刘备借口帮助刘璋讨伐张鲁,以法正、张松为内应进入益州。入蜀之初,刘备政权就面临着诸多困难,概括起来主要有以下几点。

(一)蜀地偏狭,强敌环伺

赤壁之战后,刘备率军入蜀,虽然据有巴蜀、汉中,但地盘狭小,且西南未稳,军队数量又不足。当时刘备北有曹操,东有孙权,周围强敌环伺,处境艰难。虽然经过艰苦的努力,关羽占据荆州,但因荆州、益州间相距甚远,中间地势复杂,补给线又太长,加上荆州也是孙权的必争之地,所以两州兼据并非明智之策。后来的荆州之失实在是必然,即便没有关羽的失误,刘备也无力去固守。荆州一丢,东南的门户大开,蜀汉的形势更显得局促,刘备出峡伐吴的唐突举动以及由此而导致的失败则更是雪上加霜,使得蜀汉的外困更甚。

(二)人才匮乏,难撑大局

在三国中,刘备政权网罗到的人才最少,尤其是缺少有谋略之士,虽然庞统、法正具有很多方面的才能,可以当作砥柱,他们曾经对刘备入蜀和取代刘璋占据益州起过至关重要的作用,可惜的是二人分别于214年、220年去世了。随着跟从刘备征战的元老们相继或死或退,蜀中能用之才明显不足。

(三)政令荒怠,法治废弛

刘备入蜀之前,摆在诸葛亮面前的是刘璋、刘焉留下来的混乱局面。史载:"刘焉器非英杰,图射侥幸;璋才非人雄,据土乱世,其见夺取,陈子以为非不幸也。"①。由于他们"德政不举,威刑不肃",靠滥施恩惠、广授官爵以及用一些仅仅停留于纸面上的法令来维持统治,从而使得益州境内官吏"互相奉承","蜀土人士,专权自恣","君臣之道,渐以陵替"②。总之,在刘璋父子占领益州期间,为了应付复杂多变的局势,无暇内顾,以致境内有令不行,有禁不止,法治荒废,弊端丛生。

(四)土客矛盾突出,政局不稳

刘备以"客籍"入蜀,正逢益州局势动荡。要取得当地百姓的拥护,只靠武力强夺豪取,不仅难以制服豪强地主的强大势力,更难于取得在水深火热之中、富有斗争经验、彪悍的南中人民的拥护。当时蜀汉政权面临的主要问题即是客籍官僚同土著官僚的矛盾。刘备取得益州之后,客、主两大利益集团的矛盾就显现出来:作为入主益州的新客,刘备的旧部在统治集团中占据了主要地位,其中诸葛亮、关羽、张飞等是军政要员;而由刘璋旧部以及益州土著组成的旧主,以董和、黄权、李严等为代表,在新政权中也占有一席之地,他们是刘备潜在的对立面。从这时的人事安排上,我们可以清楚地看到刘备和诸葛亮二人协调客与主的矛盾、平衡新与旧的力量、稳定政局的良苦用心。虽然刘备已经控制了益州的局势,但是随着双方势力的消长,威胁仍然存在。难怪法正在诸葛亮施政之时曾发出劝告:"今君假借威力,跨据一州,初有其国,未垂惠抚;且客主之义,宜相降下,愿缓刑弛禁,以慰其望。"③

---

① 汪启明、赵静:《华阳国志译注》,四川大学出版社2007年版,第230页。
② 《三国志》卷35《蜀书·诸葛亮传》。
③ 《三国志》卷35《蜀书·诸葛亮传》。

法正在此明确地指出了解决客主问题的重要性,稍有不慎,就会产生变乱,因此奉劝刘备与诸葛亮采取适当的方式加以处置。客主、新旧之分一日不消,则刘备政权就一日不稳。

二、诸葛亮法制思想的内容

面对蜀汉当时诸多的社会问题,诸葛亮决定以法治国,并在治理蜀国过程中逐渐形成了儒法兼容、仁政与法治并举的思想体系。诸葛亮法制思想的内容主要有以下几点。

(一)教刑并举,先教后刑

刘备入蜀之初,益州由于刘焉、刘璋父子昏庸统治的影响,以致有令不行,有禁不止,法治废弛,弊端丛生。为了改变这种混乱的局面,诸葛亮决心"厉行法治"。他曾与法正、李严等五人共造《蜀科》,另外他还亲自著《法检》《科令》《军令》,其内容包括了《八务》《七戒》《六恐》《五惧》等条规。这些律令对治理蜀国,强化封建地主阶级的政权,压抑豪强起了十分重要的作用。

诸葛亮厉行法治,但是却能正确处理法治与教化的关系。他在《论诸子》中说:"商鞅长于理法,不可以从教化。"在诸葛亮看来,治理国家不能单纯依靠严刑峻法来强行约束人们。如果忽视了礼义教化而不去解决人们思想、精神深处的问题,则难以达到为政的目的。所以他在《便宜十六策·治国》中多次强调:"治国之政,其犹治家。治家者,务立其本,本立则末正矣。"与此同时,他在《便宜十六策·教令》中又认为:"为君之道,以教令为先,诛罚为后;不教而战,是谓弃之。"极力反对不教而诛。另外,他在《便宜十六策·治乱》中论述道:"三纲不正,六纪不理,则大乱生矣。……明君治其纲纪,政治当有先后,先理纲,后理纪;先理令,后理罚;……"这样,"理纲则纪张,理令则罚行"。诸葛亮强调用"纲"、"纪"来规范臣民的行为。他在治理蜀国的过程中,注意并发挥了教化的力量。如平定南中叛乱之后,诸葛亮对南中实行"和抚"政策。一方面"七擒孟获",使其威服,让南中人民深知他的恩威、气度与蜀汉政权的强大;另一方面,使少数民族懂得封建纲常,服从统治。诸葛亮给他们做"图谱"宣传封建等级尊卑,教育少数民族尊敬天地、神龙、官员、听从治理,向官府交纳金银财宝。对这个"图谱",酋长"甚重之"。可见诸葛亮在"法治"的同时,兼采教化之长,将"法治"与"教化"结合起来。在百姓苦于战乱、民心思安、西南民族复杂的情况下,他能以德政施惠于民,在蜀国内部形成了较为和谐、融洽的气氛,使得上下有序,维护了稳定的政治局面。

当然,诸葛亮并非一味地忍让、退避,其法治中更突出的一面是严肃、果断。其原因一是,他深刻认识到当时刘璋的弊政只有用快刀斩乱麻的方式,急速革新,才能拨乱反正;二是,当时天下大乱,战火连绵不断,只有赏罚严肃而号令分明,才能训练一支守纪律、勇而猛的军队。

(二) 赏罚分明,刑不择贵

面对严峻的社会现实,诸葛亮深知法令推行的好与坏,关系到国家的治乱兴衰,决定国家的生死存亡。因此,在法治的具体实施过程中,他严格执行"赏罚分明""刑不择贵"的原则。诸葛亮实行法治,注重"严、明、信、平"四字。严,是严于执法,不允许任何人违法乱纪;明,是功过是非赏罚分明;信,是该赏必赏,该罚必罚,取信于民;平,是赏罚平均,对功过是非,赏罚轻重适当。他在《便宜十六策·赏罚》里强调说:"赏罚之政,谓赏善罚恶也。赏以兴功,罚以禁奸;赏不可不平,罚不可不均。赏赐知其所施,则勇士知其所死;刑罚知其所加,则邪恶知其所畏。故赏不可虚施,罚不可妄加,赏虚施则劳臣怨,罚妄加则直士恨,是以羊羹有不均之害,楚王有信谗之败。"这里诸葛亮把赏罚分明的必要性,以及赏罚不均、是非不明的危害性分析得极其透彻。从历史事实看,诸葛亮确实做到了这些。建兴六年(228年),诸葛亮出兵北伐,马谡在镇守街亭时"违亮节度,举动失宜"①,招致大败。退回汉中后,诸葛亮挥泪斩杀曾立过大功的马谡。而马谡的部下王平曾经力谏马谡,且在蜀兵溃散之时,机智果敢,完师而归,事后被擢升为参军,加封讨寇将军、亭侯。同时,赵云的箕谷之军虽遭败北,但因赵云能亲自断后以保军队损失极少,也得到了绢帛的赏赐。仅从这里,人们就不难理解为什么诸葛亮治国能做到有令必行、有禁必止,"吏不容奸,强不侵弱,风化肃然"②的缘故了。

另外,诸葛亮痛感东汉末年门阀世族权臣当政的弊端对社会造成的危害,所以在执法上主张"刑不择贵",凡是作奸犯科之人不论官职高低、皇亲国戚一律严惩不贷,做到法律面前人人平等。他在著名的《出师表》中对刘禅说:"宫中府中具为一体,陟法臧否,不宜异同。若有作奸犯科及为忠善者,宜付有司论其刑赏,以昭陛下平明之礼,不宜偏私,使内外异法也。"③诸

---

① 《三国志》卷35《蜀书·诸葛亮传》。
② 《三国志》卷35《蜀书·诸葛亮传》。
③ 《三国志》卷35《蜀书·诸葛亮传》。

葛亮执法不徇私情,不避权贵。刘备在世时,刘备的养子刘封,因拒绝出兵援助关羽围攻襄阳,致关羽覆灭,又依势侵陵宜都太守孟达,迫使孟达投降曹魏。诸葛亮对此关乎汉室成败的过错,建议刘备将其处死,不因是皇亲国戚而凌驾于国法之上。又如蜀汉重臣李严曾因粮草供应不上而"假传圣旨"被罢官。廖立因孙权攻荆州三郡时弃逃被削职流放。以上例子,明显地体现了诸葛亮执法如山、"法不择贵"的法治原则。被判罚的人中,有的位高权重,如李严、廖立等;有皇亲国戚,如刘备养子刘封;还有诸葛亮器重的马谡,但他并不因此放过对他们的罪恶和过错的惩处。

(三)明罚己过,正身行令

诸葛亮一生谦逊求进,正身从政,这在我国历史上众多的政治家中是少有的。诸葛亮根据孔子"其身正,不令而行;其身不正,虽令不从"的思想,在《便宜十六策·教令》中提出"故人君先正其身,然后乃行其令。身不正则力不从,令不从则生变乱"。街亭所失,诸葛亮认为这次出师也有自己"授任无方",用人不当的责任,于是上疏自责,"臣明不知人,恤事多暗,春秋责帅,臣职是当。请自贬三等,以督厥咎"。诸葛亮这种引咎躬责、明罚己过的精神,对于一个封建国家的丞相来说是可贵的。除此以外,诸葛亮在治蜀20年中处处严于束身、法制待己。他贵为丞相,当身为孙吴重臣而又是自己亲哥哥的诸葛瑾奉命出使蜀国,他仍然按邻国一般使臣礼节接待;在出师北伐艰苦的战争时期,他让自己过继的儿子诸葛乔随军上前线,与其他将领子弟一起在崇山峻岭中负责押送军需物资,风餐露宿,长途跋涉,十分艰苦;诸葛亮本身则是以"鞠躬尽力,死而后已"的精神全身心投入国事中。在封建社会的政治家中,诸葛亮是一位少有的廉洁奉公的人物。他不尚奢华,不谋私利,生活简朴,不讲排场,其家人也过着清贫的生活。他临终在给后主的遗表中说:"今成都有桑八百株,薄田十五顷,子弟衣食,自有余饶。至于臣在外任,别无调度,随身衣食,悉仰于官,不别治生,以长尺寸。若臣死之日,不使内有余帛,外有赢财,以负陛下。"①对此,陈寿在《三国志》中写道:诸葛亮死后"如其所言"。一个身居一人之下、万人之上的蜀汉丞相和执政者,其廉洁奉公、以国为重、不谋私利、体恤民情的作风,确实令人钦佩,堪称蜀国官吏的表率。

(四)进贤退贪,迁善黜恶

为了做到政治清明,诸葛亮强调要任人唯贤,他在《便宜十六策·考黜》

---

① 《三国志》卷35《蜀书·诸葛亮传》。

中说:"为人择官者乱,为官择人者治。"又指出,为君者应疏远小人,对五种坏官不能任用:一是"因公为私,乘权作奸","内侵于官,外采于民"的官员;二是"过重罚轻,法令不均",迫害无辜,"扶强抑弱"的官员;三是"纵罪恶之吏,害告诉之人",放纵恶吏,打击善良的官员;四是"阿法所亲","傍课采利",压榨百姓,损公肥私的官员;五是"买卖之费",专其价数,垄断市场,妨碍商业的官员。他说这是"民之五害",应加惩处。同时,亲近、重用正直之士,他在《便宜十六策·赏罚》中特别强调忠直之人可以理狱,廉平之人可使赏罚,这样才能做到公正无私。

诸葛亮还在《前出师表》中对"亲贤臣远小人"做了详尽论述,他说:"亲贤臣,远小人,此先汉之所以兴隆也;亲小人,远贤臣,此后汉之所以倾颓也。先帝(刘备)在时,每与臣论此事,未尝不叹息痛恨于桓(常)、灵(帝)也。"① 当时,诸葛亮北伐将离开成都,他担心后主亲信小人而误政,故特别向后主提出"侍中、侍郎郭攸之、费祎、董允等,此皆良实,志虑忠纯,是以先帝选拔以遗陛下"。他要求刘禅"亲之信之","宫中之事,事无大小,悉以咨之,然后施行,必能裨补阙漏,有所广益"②。这些人后来也确实为蜀汉尽到了职责,如后主贪图享乐,要增加嫔妃数量,"秉心公允"的侍中董允就坚决谏阻,说:"古者天子后妃之数不过十二,今嫔嫱已具,不宜增益。"后主只好作罢。又如后主亲近佞臣宦官黄皓,董允不假以色,"数责于皓",黄皓畏惧董允,终允之世,"不敢为非","位不过黄门丞"③。

那么,怎样才能"进用贤良,退去贪懦",从而实现政治清明呢?诸葛亮强调对官员要严格考核。认为除了按有关制度、标准进行考核外,还必须广泛征求意见,了解民情。关于广采意见之事,诸葛亮为人们做了表率。他鼓励大家多提意见和建议,并多次公开表扬能进忠言的官员。他在《又与群下教》中谈道:"昔初交(崔)州平,屡闻得失,后交(徐)元直,勤见启悔,前参事于(董)幼宰,每言则尽,后从事于(胡)伟度,数有谏止。"正是由于广泛听取不同意见,深入了解民情,故诸葛亮能及时纠正错误,并做到惩恶扬善、赏罚公平,进而实现了社会安定。

---

① 《三国志》卷35《蜀书·诸葛亮传》。
② 《三国志》卷35《蜀书·诸葛亮传》。
③ 《三国志》卷39《蜀书·董允传》。

三、诸葛亮法制思想对蜀汉的社会影响

(一)使蜀国保持了较长时期的稳定

诸葛亮的法制思想,其影响古今史家都有口皆碑。今人范文澜说诸葛亮"所治理的汉国在三国中确是最有条理的一国"①。诸葛亮厉行法治,使得当时蜀汉的政治比较清明,这也就在很大程度上缓和了蜀地农民和地主阶级的矛盾,从而使蜀国保持了较长时期的稳定。根据统计,自建安元年(196年)至西晋灭吴(280年)的85年中,农民起义在魏国爆发了24次,在吴国有23次,而在蜀国则仅发生3次。

另外,以法治军使原本弱小的军队逐渐由弱变强,取得了一系列重大战役的胜利,并且最终实现了三分天下有其一的战略构想。建兴三年春天,诸葛亮率领军队南征,"五月渡泸,深入不毛"②。经过几个月的战斗,当年秋天全部平定了南部诸郡的叛乱。建兴六年春第一次北伐时,他曾亲自率领各路兵马进攻祁山。当时魏国对蜀进攻并无防备,加上诸葛亮的军队阵容整齐、号令严明,使得蜀汉连复天水、南安、安定三郡,可谓势如破竹,关中为之震动。这年冬天,诸葛亮又进行第二次北伐,出兵大散关,兵围陈仓,大败魏军,斩杀魏将王双。建兴七年(229年)第三次北伐,诸葛亮又从魏军手里夺取武都、阴平二郡。总之,蜀军所取得的一系列军事胜利与诸葛亮行法治蜀是分不开的。

(二)在蜀汉官吏中树立了一种奋发向上的精神

诸葛亮法制思想的实施,在蜀汉官吏中树立和培育了一种奋发向上的精神,使得忠勤于国、廉洁奉公、谨严自励的精神蔚然成风。史载,董允"上则正色匡(后)主,下则数责于(黄)皓"③,表现了对国家的忠贞之节。大将军姜维在诸葛亮死后,继承其遗志,连年北进;后来失利身处逆境,仍然密谋重振社稷,最后事败殉国。以上这些事例充分说明:积极进取、奋发向上已经成为凝聚蜀汉官吏们的一种精神力量。正是依靠这种精神力量,他们才能在诸葛亮逝世之后,"贤愚竞心,佥忘其身"④,同舟共济、共渡难关,使得鼎立三国中相对弱小的蜀汉又延续了30年。相比之下,魏、吴二国则每当换主

---

① 范文澜:《中国通史》(第二册),人民出版社1963年版,第268页。
② 《三国志》卷35《蜀书·诸葛亮传》。
③ 《三国志》卷39《蜀书·董允传》。
④ 《三国志》卷45《蜀书·杨戏传》。

易君,就会出现倾轨篡权事件,造成朝争时起,政局动荡。两相印证,足见诸葛亮以法治国的思想确实极为正确。

(三)改变了蜀汉官场奢靡之风

诸葛亮推行的法制思想,最为明显的成效是在蜀汉境内改良了社会风气。东汉后期,官场中奢靡之风盛行,蜀中也不例外。为了扭转这一不良风气,诸葛亮把节俭、利民作为实施法治的一项重要内容。他颁布教令,号召大家向春秋时期以廉洁著称的贤相孙叔敖学习。在诸葛亮的倡导之下,蜀汉官吏们大多数能廉洁自持,不尚奢华。吏风正则民风正,政治清明必然会促进经济和社会发展。史载,当时蜀国呈现出了"田畴辟,仓廪实,器械利,蓄积饶,朝会不华,路无醉人"①的大治清平景象。

纵观诸葛亮的法治思想和实践可以看出:他从"治实"出发,博采儒法之长,将儒家"仁政"与法家"刑政"有机地结合起来,注重依法治国,确定了一套科学完整的思想体系,并善于使其与蜀国治军的实践相结合,从而使蜀国在三国鼎立、诸侯割据的战乱年代成为国泰民安、吏治清明、经济发达、政绩显著的国家。陈寿在《三国志·诸葛亮传》里称赞诸葛亮立法施度,"科教严明,赏罚必信,无恶不惩,无善不显,至于吏布容奸,人怀自厉,道不拾遗,强不侵弱,风化肃然"。唐太宗在《贞观政要·卷五》赞许诸葛亮为"贤相",治国用法"平直""至公"。刘春藩先生在《诸葛亮传》中也说:"诸葛亮厉行法治,赏罚分明……是中国历史上一位卓越的地主阶级政治家。"应该说他是一位杰出的思想家,他的法治思想对后代已经并还将产生积极影响。

---

① 《三国志》卷35《蜀书·诸葛亮传》。

魏晋南北朝上流社会豪奢之风及其影响

摘要：魏晋南北朝时期，在以门阀士族为主体的上流社会中，在衣食住行等社会生活的方方面面，形成了奢侈腐化之风。这种风气严重地败坏了封建吏治，影响了封建统治的行政效能，阻碍了社会生产的进步。但在导致手工业领域畸形发展的同时，在客观上也刺激了某些生产部门的产品生产。

关键词：魏晋南北朝；上流社会；豪奢之风；影响

魏晋南北朝，是门阀贵族居于统治地位的时期。在这一时期，世族门阀通过九品中正制和荫族荫客制逐步地确立并保证了他们在政治和经济上的特权，加之其他诸如思想文化等方面的原因，使得豪奢消费之风在我国历史上显得特别突出。

一、魏晋南北朝上流社会豪奢之风的表现

所谓上流社会是指以高门士族为主体，包括皇族宗室、后妃外戚和其他达官显贵在内的特权阶层。他们是当时大地主阶级的代表。在魏晋南北朝时期，上流社会的消费豪奢化倾向突出地表现在以下两个方面。

（一）饮食方面，极重口腹之欲

饮食是消费结构的基本构成部分，魏晋南北朝时期，门阀士族在饮食方面，竭力寻求美味佳肴，以满足口腹之欲。据《晋书·王济传》记载，晋武帝到贵戚王济家，王济"供馔甚丰，悉贮琉璃器中。蒸肫甚美，帝问其故，答曰：'以人乳蒸之。'帝色甚不平，食未毕而去"[1]。此时，豪门贵族互相竞赛，把谁能在一顿饭、一次宴会中消耗更多的物质财富作为时尚。他们大摆筵宴，"相竞夸豪，积果如山岳，列肴同绮绣"[2]，"所甘不过一味，而陈必方丈，适口

---

[1] 《晋书》卷42《王济传》，第794页。
[2] 《梁书》卷38《贺琛传》，第378页。

之外,皆为悦目之费"①,造成"一宴之馔,费过十金"②,"富者以之示夸,贫者为之殚产"③的局面。更有甚者,豪门贵族还自创食谱,作为膳食上竞富的手段。南齐虞悰"善为滋味,和齐皆有方法……世祖幸芳林园,就悰求扁米粣,悰献粣及杂肴数十舆,太官鼎味不及也。上就悰求诸饮食方,悰秘不肯出。上醉后体不快,悰乃献醒酒鲭鲊一方而已"④。大量事实表明,士族豪门的这种消费已远离正常需要,实际上"示夸"、"示豪"已成了他们的直接目的。

与这种以豪宴"示夸"不可分割的孪生物,便是狂饮之风空前泛滥。门阀士族是一些超等的寄生虫,他们空虚无聊,愈往后没落感愈严重,于是需要用酒来麻醉自己,在昏酣中寻求安慰。如阮籍"本有济世志,属魏晋之际,天下多故,名士少有全者,籍由是不与世事,遂酣饮为常"⑤。又如任恺,武帝时遭贾充排挤,"既失职,乃纵酒耽乐,极滋味以自奉养"⑥。再如周顗,"颇以酒失,为仆射,略无醒日,时人号为'三日仆射'"⑦。有的人更是嗜酒如命,达到"一饮连月不醒,或裸体而游,每叹三日不饮,便觉形神不相亲"⑧的地步。有的一年"得七百石秫米,不足了曲蘖事"⑨,有的"一日三百杯,吾不以为多"⑩,有的甚至把偌大的家产喝得精光,昏酣死掉。

(二)服饰方面,追求精巧新奇

魏晋南北朝时期,等级制度比较森严,各王朝对各级官吏在服饰器物用度方面有严格限制,不得越级使用。据《晋书·舆服志》记载:"魏明帝以公卿衮衣黼黻之饰,疑于至尊,多所减损,始制天子服刺绣文,公卿服织成文。及晋受命,遵而无改。"⑪由此可见,服饰是地位高低和身份尊卑的象征。正因为如此,魏晋南北朝门阀士族因身居高位,大多注意穿着,讲究华丽,追求时髦新颖。《抱朴子外篇》卷26《讥惑》说:"丧乱以来,事物屡变。冠履衣

---

① 《宋书》卷56《孔琳之传》。
② 《晋书》卷75《范宁传》。
③ 《宋书》卷56《孔琳之传》。
④ 《南齐书》卷37《虞悰传》。
⑤ 《晋书》卷49《阮籍传》。
⑥ 《晋书》卷45《任恺传》。
⑦ 《晋书》卷69《周顗传》。
⑧ 《晋书》卷75《王忱传》。
⑨ 《晋书》卷78《孔群传》。
⑩ 《南史》卷61《陈庆之传附陈暄传》。
⑪ 《晋书》卷25《舆服志》。

服,袖袂裁制,日月改易,无复一定。乍长乍短,一广一狭,忽高忽卑,或粗或细,所饰无常,以同为快。其好事者,朝夕放效,所谓京輦贵大眉,远方皆半额也。"与此同时,王公贵族和高门世族穿戴的都是玄冕素带、朱绂青绸,他们腰悬玉佩,饰以金银之珠。夏穿绮襦纨绔,织丝成彩;冬服黑貂白裘,雉毳燕羽。当时,从皇帝到士大夫们都讲究服装平整撑抖。在统治集团的提倡下,整个社会形成了一股尚华丽之风。

另外,当时士族为了使面容白皙,容光焕发,还喜好化妆。三国时期,曹植就喜欢在脸上涂抹妆粉,据《三国志》卷21《魏书·王粲传》记载:"植初得淳甚喜,延入座,不先与谈。时天暑热,植因呼常从取水自澡讫,傅粉。遂科头拍袒……诵俳优小说数千言讫。"①又据《世说新语·容止》载,王羲之见杜弘治"叹曰:'面如凝脂,眼如点漆,此神仙中人!'"由此可见,魏晋南北朝时期,妆粉已经成为门阀士族日常生活的必需品。

(三)住宅方面,追求豪华精致

住宅可以直接体现其主人的身份,是财富和地位的象征,所以在魏晋南北朝时期,门阀士族大多追求豪华的住宅。如石崇"财产丰积,室宇宏丽"②;纪瞻"馆宇崇丽,园池竹木,有足赏玩焉"③;刘宋时竟陵王刘诞"造立第舍,穷极工巧,园池之美,冠于一时"④;南陈后主为其宠妃张丽华修建的临春、结绮、望仙三阁,"阁高数丈,并数十间,其窗牖、壁带、悬楣、栏槛之类,并以沉檀香木为之,又饰以金玉,间以珠翠,外施珠帘,内有宝床、宝帐,其服玩之属,瑰奇珍丽,近古所未有。每微风暂至,香闻数里,朝日初照,光映后庭。其下积石为山,引水为池,植以奇树,杂以花药"⑤。另外,当时一些士族普遍有隐世思想,政治上的不得志使他们寄情于山水,在住宅上极力与自然山水相结合。如东晋谢安"于土山营墅,楼馆林竹甚盛,每携中外子侄往来游集,肴馔亦屡费百金,世颇以此讥焉,而安殊不以屑意"⑥。由于园林占地面积较大,景观错落有致,环境优雅清幽,符合门阀士族对精神生活的需求,所以贵族们为了建造园林,不惜耗费巨资。据《洛阳伽蓝记》载,北魏后期,"帝族王

---

① 《三国志》卷21《魏书·王粲传》。
② 《晋书》卷33《石崇传》。
③ 《晋书》卷68《纪瞻传》。
④ 《南史》卷14《竟陵王诞传》。
⑤ 《陈书》卷7《张贵妃传》。
⑥ 《晋书》卷79《谢安传》。

侯,外戚公主,擅山海之富,居川林之饶,争修园宅,互相夸竞。崇门丰室,洞户连房,飞馆生风,重楼起雾,高台芳树,家家而筑。花林曲池,园园而有。莫不桃李夏绿,竹柏冬青"①。由此可见,当时上流社会的豪侈斗富之风是愈演愈烈。

(四)器用方面,崇尚时髦新异

魏晋南北朝时期,门阀士族除了在饮食、服饰、住宅方面追求豪奢外,在器用方面,还追求时髦新异。以车子为例,晋以后帝王用的车子屡屡改制,不断增进装饰。后梁甄玄的《成车赋》,说贵族们的车"铸金磨玉之丽,凝土剡木之奇;体众术而特妙,未若作车而载驰"。无论酷暑严寒,风飙雨骤,坐着都非常舒适,豪华与适用高度统一。这虽属文艺作品的描述,但写得非常具体,应是反映了实际情况的。

另外,扇、麈尾、琉璃器、如意等器物,在当时备受权贵们所喜爱。据《晋书》记载,庾怿"尝以白羽扇献成帝,帝嫌其非新,反之。侍中刘劭曰:'柏梁云构,大匠先居其下;管弦繁奏,夔牙先聆其音。怿之上扇,以好不以新。'"②庾怿曾献白羽扇给晋成帝,但晋成帝嫌羽扇不是全新的,就想送还。侍中刘劭却对成帝说:"……庾怿的扇,应看重其美好而不是新旧。"扇本为实用器物,在六朝却升华为追逐时髦、表现风度的饰物。麈尾是当时士人谈论玄学时重要的物品,东晋名士王导在《麈尾铭》中说:"道无常贵,所适惟理。勿谓质卑,御于君子。拂秽清暑,虚心以俟。"麈尾原本是夏日消暑用具,位卑价廉,但经过清谈之士使用后,身价倍增。琉璃器因其材质晶莹剔透,外观精致,受到士族的喜爱。据《世说新语·言语》载,"满奋畏风。在晋武帝坐,北窗作琉璃屏,实密似疏,奋有难色"。《晋书·王济传》也载,"帝尝幸其宅,供馔甚丰,悉贮琉璃器中"③。除此,如意也是权贵们喜爱的一种玩物。《晋书》卷98《王敦传》记载:"(敦)每酒后辄咏魏武帝乐府歌,以铁如意唾壶为节,壶边尽缺。"当时制作如意的原料有多种,名贵的有金制、犀制、玉制、珊瑚制,也有以竹根巧制的。如意本为佛教僧侣登台讲经执之,六朝佛风大炽,流风所披,俗人也喜好把玩。

值得一提的是,士族们对外来事物的接受比较迅速。从魏晋开始,西域传入中原的胡床就开始影响人们的起居生活,而且较为流行,据《晋书·五

---

① 杨衒之:《洛阳伽蓝记》。
② 《晋书》卷73《庾怿传》。
③ 《晋书》卷42《王济传》。

行志》记载:"(西晋)泰始之后,中国相尚用胡床貊槃,及为羌煮貊炙,贵人富室,必畜其器。"①另外,像香药、象牙、犀角、珊瑚、玻璃、鹦鹉、翡翠等,这些奇珍异宝或缀于扇尾,以为装饰;或列于雅室,以示富足。所有这些都说明当时上流社会在追逐把玩上的豪侈程度。

二、魏晋南北朝上流社会豪奢之风兴盛的原因

魏晋南北朝时期门阀士族们过着腐朽糜烂的生活,从而造成大量人力、物力、财力的浪费,严重阻碍了社会的发展,导致这种现象出现的原因很多,综合起来主要有以下几点。

(一)政局动荡,使人们感到朝不保夕

魏晋南北朝是我国历史上一个大分裂的时代。从建安元年始至隋开皇九年止,前后近400年,除了西晋曾实现过短暂的统一外,全国长期处于分裂割据的状态,先后建立35个大大小小的政权。各政权间为了争夺势力范围,彼此混战,整个社会处于极度动荡之中。这种生活使士人对前途感到绝望,他们无所事事,极度空虚,日益滋长了及时享乐的情绪。当他们聚敛财富后,便利用短暂的太平之世尽情享乐。史载,魏明帝"好修宫室,制度靡丽,百姓苦之"②。晋武帝司马炎"营太庙,致荆山之木,采华山之石;铸铜柱十二,涂以黄金,镂以百物,缀以明珠"③。帝王尚且如此奢靡,更何况之下的大臣百姓。东晋陶渊明《杂诗》中言:"得欢当作乐,斗酒聚比邻。"可见及时行乐成为当时人们的普遍心理。

(二)门阀士族拥有的政治和经济特权

门阀制度确立,为魏晋南北朝时期上流社会豪奢之风奠定了政治基础。门阀制度给予了豪门恩荫的特权,当时许多贵族子弟无须读书,只凭借出身,便可进入仕途,享受优越的物质生活。王沈在《释时论》云:"百辟君子,奕世相生,公门有公,卿门有卿。指秃腐骨,不简蛆蛑。多士丰于贵族,爵命不出闺庭。四门穆穆,绮襦是盈,仍叔之子,皆为老成。贱有常辱,贵有常荣,肉食继踵于华屋,疏饭袭迹于耨耕。"④在这种社会基础上,贵族们养尊处优,他们没有外在压力和政治活力,逐渐丧失奋发向上精神,成为社会的寄

---

① 《晋书》卷27《五行志上》。
② 《晋书》卷1《宣帝纪》。
③ 《晋书》卷3《武帝纪》。
④ 《晋书》卷92《王沈传》。

生虫。这种不劳而获的行为也渐渐成为贵族子弟的自主意识,仿佛他们出生就是为了享乐,导致他们不思上进。正如颜之推在《颜氏家训·勉学》中所说:"饱食醉酒,忽忽无事,以此销日,以此终年。"而这种富足奢靡的生活,也进一步滋长了他们的贪欲。

魏晋南北朝时期,门阀士族不仅在政治上占据优势,在经济上也享有特权。西晋颁布占田、荫亲客制,用法令形式规定了士族占有土地和劳动力的合法性。刘宋孝武帝颁布品官占山护泽诏令,又以法律形式使这一时期极为严重的山泽封占问题合法化了。于是,许多门阀士族利用这些经济特权,大肆占山圈泽,建立庄园,他们或开辟田园,或兴建砥店,或买卖经商,以各种方式求利,累聚财富。如西晋王戎"广收八方园田水碓,周遍天下,积实聚钱"①,谢混有"田业十余处,僮仆千人"②。由此可见,门阀士族累聚财富的方式是依靠政治、经济上的特权,巧取豪夺,这使得他们在生活上更加挥霍无度。

(三)统治者的骄奢淫逸和宽容放纵

魏晋南北朝时期,整个社会奢靡成风,这与统治者的带头作用不可分割。如晋武帝在平吴之前,曾踌躇满志,以天下太平为己任,励精图治,但随后"逐怠于政术,耽于游宴,……"③。史载,武帝平吴之后,"复纳孙皓宫人数千,自此掖庭殆将万人,而并宠者甚众,帝莫知所适,常乘羊车,恣其所之,至便宴寝。宫人乃取竹叶插户,以盐汁洒地,而引帝车"④。其荒淫无道,古今罕有。孝武帝刘骏"制度奢广,犬马馀菽粟,土木衣绨绣,追陋前规,更造正光、玉烛、紫极诸殿,雕栾绮节,珠窗网户,嬖女幸臣,赐倾府藏,竭四海不供其欲,单民命未快其心"⑤。封建帝王如此骄奢淫逸,王公贵族自然望风归附。更有甚者,封建君主对门阀士族的奢靡生活风气大多不加干涉。如靖惠王萧宏"性爱钱,百万一聚,黄㧍标之,千万一库,悬一紫标,如此三十馀间。帝与佗卿屈指计见钱三亿余万,馀屋贮布绢丝绵漆蜜纻蜡朱砂黄屑杂货,但见满库,不知多少"⑥。武帝知晓后,不仅不怒反而称赞其生活富足。

---

① 《晋书》卷43《王戎传》。
② 《宋书》卷58《谢弘微传》。
③ 《晋书》卷3《武帝纪》。
④ 《晋书》卷31《后妃上·胡贵嫔传》。
⑤ 《宋书》卷92《良吏传》。
⑥ 《南史》卷51《临川靖惠王宏传》。

又据《世说新语·汰侈》记载,"石崇与王恺争豪,并穷绮丽,以饰舆服。武帝,恺之甥也,每助恺。尝以一珊瑚树高二尺许赐恺,枝柯扶疏,世罕其比"。由此可见,正是因为统治者的骄奢淫逸并纵容下属的态度,使得整个社会奢侈风气愈演愈烈,成为不可医治的社会顽疾。

(四)道德观念蜕变

魏晋南北朝时期,儒学衰微,玄学兴盛,崇奢弃俭的风气愈演愈烈,对整个社会产生极大的影响。玄学提倡顺应自己的本心,不为世俗教条所累,让人的自然本性得到解放,这与传统上被礼法束缚的人性相比,虽有着某些程度上的进步,但士族过分强调本性的解放,矫枉过正,这在某种程度上造成了道德的沦丧。东晋干宝在《晋纪总论》中评论西晋的社会风气与思想文化状态时曾概括说:"风俗淫僻,耻尚失所,学者以老庄为宗而黜六经,谈者以虚荡为辨而贱名检,行身者以放浊为通而狭节信,进仕者以苟得为贵而鄙居正,当官者以望空为高而笑勤恪。"另外在玄学的影响下,悲观厌世、及时享乐的人生观和消费观成为时尚,其中门阀士族表现最为突出。他们放浪形骸,我行我素,纵情自适。东晋周𫖮"淫侈纵恣",每谓人曰:"人生几何,但当快意耳。"①梁代的萧恭,也常从容对人说:"下官历观世人,多有不好欢乐,乃仰眠床上,看屋梁而著书,千秋万岁,谁传此者。劳神苦思,竟不成名,岂如临清风,对朗月,登山泛水,肆意酣歌也。"②正是在这种及时行乐、奢侈腐败的风气影响下,门阀士族的物质欲望极度膨胀。时人叹道:"有晋始自中朝,迄于江左,莫不崇饰华竞,祖述虚玄,摈阙里之典经,习正始之余论,指礼法为流俗,目纵诞以清高,遂使宪章弛废,名教颓毁,五胡乘间而竞逐,二京继踵以沦胥,运极道消,可为长叹息者矣。"③

三、魏晋南北朝上流社会豪奢之风的影响

魏晋南北朝时期上流社会如此耽于享乐,最终,必然会导致奢侈性消费的膨胀,从而造成广泛的社会影响。

(一)败坏了吏治,加剧了各级官吏的贪污腐败

上流社会追求生活享受,争富比奢,必然引起金钱崇拜。各级官吏凭借职权,大肆盘剥百姓。以东晋为例,当时政府选官,"唯以恤贫为先,虽制有

---

① 《晋书》卷58《周𫖮传》。
② 《梁书》卷22《萧恭传》。
③ 《晋书》卷91《儒林传》。

六年,而富足便退"①。所谓"恤贫",就是让他们有机会聚财。士族中不少人做官就是为了贪污致富,然后再退隐显名。另外,东晋政府为了使上流社会有更多的机会聚敛,竟滥设郡、县,以致有"不满五千户"的郡,"不满千户"的县,使官僚队伍恶性膨胀,但仍供不应求,又通过"迁徙每速"来缓解这一矛盾,即所谓"虽制有六年,而富足便退"。从《晋书》传记中看,东晋各级官吏"贪污狼藉"者甚众,几乎没有一个像样的清官。对此,士族中人如王羲之、庾翼、范宁等都有过尖锐的批评。如庾翼说:"大较江东政,以伛偻豪强,以为民蠹,时有行法,辄施之寒劣。如往年偷石头仓米一百万斛,皆是豪将辈,而直打杀仓督监以塞责。……江东事去,实此之由也。"②由此可知,统治阶级这种无节制的奢侈享乐之风,将不断加剧官场的贪污聚敛之风,其结果只能是动摇封建统治的根本利益。

(二)导致上流社会的大部分人逐渐丧失治国领导的能力,严重影响了封建统治的行政效能

魏晋南北朝的门阀制度确立了士族阶层的特权,使他们中的大部分人以荒诞虚玄为高,专心日常的生活享受,不务实际,"当官者以理事为俗吏,奉法为苛刻,尽礼为谄谀,从容为高妙,放荡为达士,骄蹇为简雅"③,是当时官场的一种标准。这种风气导致他们中的大部分人逐渐丧失了治国领军的能力,有的甚至连生活常识也不清楚。据《世说新语·尤悔》载,"简文见田稻,不识,问是何草,左右答是稻。简文还,三日不出"。简文帝身为皇帝而连稻苗也不认识,是应该羞愧得无地自容了。另外,孝武帝时的侍中虞啸父,只会喝酒、说笑话,连起码的政治术语都不知道。一次孝武帝责问他任职以来一直没有"献替",他竟立即想到皇帝怪他没有进奉土特产。东晋后期肩负重振士族社会重任的王恭任徐州刺史,统领北府兵,但他"不闲用兵",刘牢之反叛时,"久不骑乘,髀生疮"④,被杀。皇帝不识稻,侍中不知"献替",将军"不闲用兵",可见魏晋南北朝时期,上流社会在享乐之风侵蚀下,已腐败不堪了。

(三)奢侈性消费的膨胀,严重阻碍了社会生产的正常发展

众所周知,在古代农业社会里,生产的剩余是有限的,只有限制消费,才

---

① 《晋书》卷75《范宁传》。
② 《晋书》卷73《庾翼传》。
③ 《晋书》卷71《熊远传》。
④ 《晋书》卷84《王恭传》。

能维持生产的重复与扩大再生产。从魏晋南北朝社会状况看,上流社会的奢侈享乐已超过了当时的生产能力,而是靠高度集中社会财富,剥夺广大劳动者起码的生存权利来满足他们的欲望。这主要表现在两个方面。其一,豪门显贵都拥有大量的奴婢,如王戎"家僮数百",石崇有"苍头八百余人"。其中当然不乏从事生产的,但也有不少专门从事服务性劳动的。《晋书·王敦传》载,"石崇以豪奢矜物,厕上常有十余婢侍列,皆有容色"①。石崇仅厕所里就要十几个人侍列,可以推想,其用于厨膳,用于清洁卫生,用于筵宴歌舞、梳妆打扮、陪侍游猎的当不知凡几。这些人长期脱离生产,成了上流社会享乐生活的附属品,时间长了,他们也厌恶生产劳动,过着畸形的社会生活。其二,大量的物质财富被挥霍,使整个社会对生产的投入不断减少,相当一部分可能的生产力无法转化为现实的生产力。《晋书·石崇传》载,"恺以粞澳釜,崇以蜡代薪。恺作紫丝布步障四十里,崇作绵步障五十里以敌之。崇涂屋以椒,恺用赤石脂"②。这简直是在进行社会财富的破坏竞赛。这种无止境的浪费使大量的生产品不能再回到生产领域中去,从而无法扩大再生产。耕牛是重要的生产工具,十分珍贵,但上流社会祭祠,"转相夸尚,屠杀牛犊,动有十数"③,仅此一项,损失就很大。封建政府被各级贪官污吏弄得"仓庾虚耗,帑藏空匮"④,根本无法投入诸如水利建设之类的公益事业,这都严重阻碍了社会生产的发展。

(四)造成手工业的某种畸形发展

从史籍和文艺作品反映的情况看,这个时期手工业最受青睐的是同统治集团的享受密切相关的一些部门,如丝织、酿酒、金属刻镂、舟车、刺绣、玩具、饮食器皿及其他如制扇、制蜡烛之类。贵族们十分注重这些东西的质量,而尤其注重外观。为了满足贵族们的消遣,这时期"玩具"的制造达到了空前的水平。从科学技术的角度看,它包含了一些很有价值的发明创造。然而,这些东西与生产脱节,与劳动人民无缘,因而包含在其中的某些新技术无法推广,甚至随着主人的消失而消失。

总之,魏晋南北朝时期上流社会的奢侈性消费,从根本上来说是应该否定的,它使社会生产比例严重失调,是造成劳动人民无力消费、饥寒交迫的

---

① 《晋书》卷98《王敦传》。
② 《晋书》卷33《石崇传传》。
③ 《晋书》卷82《虞预传》。
④ 《晋书》卷75《范宁传》。

重要原因。但这种奢侈性消费无疑也扩大了消费的范围,产生了新的社会需求。而这在客观上又必然会对某些生产行业和领域产生一定的促进作用。

1. 刺激了丝织业的发展

魏晋南北朝时期,社会动荡,但是丝织业却在不断发展。当时贵族们的生活离不开丝帛,日常穿戴、家用的帷帐多用丝帛缝制,甚至贵族出行时,也用丝帛包裹车轮,以减轻马车的颠簸。就是皇家的车子也大量用锦装饰,一个车子上就有所谓"手匚金花钿锦衣""簧锦斗衣""锦复黄绞,为案立衣""锦复黄绞障泥"等。另外,丝帛有时也会充当主要的实物货币,常常被统治者用于赏赐。总之,社会对丝帛的大量需求,必然刺激丝织业的发展。三国魏明帝时,马钧改进了织机的技术,使曹魏的纺织业有了较大发展。刘备据蜀中,蜀国的织锦也得到了广泛的推广,绢帛成为财政收入的重要来源。《蜀都赋》有记载:"阛阓之里,伎巧之家。百室离房,机杼相和。"可见蜀国丝织业的繁荣。江东的吴国也很注意发展江东丝织业,除永嘉"乡贡八蚕之锦"外,官方用丝取给之处还有诸暨、永安等地,宫中也设有专门的"丝室"。

到东晋末,刘裕灭后秦时,特意迁关中锦工至江南,并设锦署于建康斗场,江东丝锦业因此而得到继续发展。刘裕这一举动,正是为了满足贵族们对锦的需求。关于绵绢,宋孔琳之做了很有见地的分析,他说:"昔事故饥荒,米谷绵绢皆贵,其后米价登复,而绢于今一倍。绵绢既贵,蚕业者滋,虽勤厉兼倍,而贵犹不息。愚谓致此,良有其由。昔事故之前,军器正用铠而已,至于袍袄裲裆,必俟战阵,实在库藏,永无损毁。今仪从直卫及邀罗使命,或有防卫送迎,悉用袍袄之属,非唯一府,众军皆然。绵帛易败,势不支久。又昼以御寒,夜以寝卧,曾未周年,便自败裂。每丝绵新登,易折租以市,又诸府竞收,动有千万,积贵不已,实由于斯,私服为之艰匮,官库为之空尽。"①这里说得非常明确,豪奢之风的盛行,使贵族集团对丝锦织品消费大为增加,造成"诸府竞收",从而引起"绵绢积贵不已",最终导致"蚕业者滋"。

南朝的丝织业在当时很发达,据《宋书·沈昙庆传》记载:"鱼盐杞梓之利,充仞八方,丝绵布帛之饶,覆衣天下。"②北魏时期,政府在部分区域实行输庸代役制度,即缴纳一定量的绢帛代替服徭役,这一方面减轻了百姓赋役

---

① 《宋书》卷56《孔琳之传》。
② 《宋书》卷54《沈昙庆传》。

负担,另一方面也反映国家对丝织业的重视。根据前面引述的材料看,这时丝帛的个人消费或集团消费无疑是显著增加的,同样的道理,这种过多的消费又必然刺激丝织业的发展。

2. 促进了蜜的生产

魏晋南北朝时,统治集团因食用和药饵之用对蜜的需要量大增。从下述事实可看出蜜增长的趋势。首先,这时期以蜜为食品的记载多起来。如《三国志》卷48《吴书·孙亮传》注引《吴历》:"亮后出西苑,方食生梅,使黄门至中藏取蜜渍梅,蜜中有鼠矢,召问藏吏,藏吏叩头。"齐明帝好甜食,"以银钵盛蜜渍之,一食数钵"①。这些说明,这一时期许多人都是好食蜜的。其次,国家颁布过奖励增产蜜的政策。据《太平御览》卷857《晋令》记载:"蜜工收蜜十斛,有能增煎二升者,赏谷十斛。"再次,有的地方官垄断蜜的生产。史载,新安郡"有蜜岭及杨梅,旧为太守所采"②;临海郡"有蜜岩,前后太守皆自封固,专收其利"③。此外,这时出现了一些对蜜有相当研究的人。如有一位杰公,对高昌贡的刺蜜能根据其色泽和味道,准确地判断其具体产地。

3. 推进了酿酒业的发展

魏晋南北朝时期,酒风日炽,许多人无不以滥饮为高。吴国孙皓"每宴会群臣,无不咸令沈醉"④。光禄大夫王蕴"素嗜酒,末年尤甚。及在会稽,略少醒日,……"⑤东晋的周𫖮,是最有名的酒徒,在北方时,"能饮酒一石",南渡后,"虽日醉,每称无对",一次偶遇北来的酒友,"乃出酒二石共饮,各大醉。及𫖮醒,使视客,已腐肋而死"⑥。东晋孔群说他家一年得七百斛秫米,还不够喝酒之用。由此可看出,正由于普遍的纵酒放荡,造成整个社会对酒的需求量增多,从而导致许多人以制酒为业,并使酒的产量相当可观。

这一时期酒的种类较多,主要有竹叶酒、乌程酒等。另外,还有一种酒因为用桃花浸泡过,所以被称为桃花酒,据说这种酒可以祛除百病,保持容姿,也被称为美人酒。随着制酒业的迅速发展,魏晋南北朝时期出现了一些专门介绍制酒技术的专著,其中贾思勰的《齐民要术》,比较系统地总结了当时北方人制酒的经验和技术,特别是在酒的密封储藏上有专门记载。据《齐

---

① 《南齐书》卷53《虞愿传》。
② 《南史》卷59《任昉传》。
③ 《梁书》卷26《傅昭传》。
④ 《三国志》卷49《吴书·刘繇传》。
⑤ 《晋书》卷93《王蕴传》,第1617页。
⑥ 《晋书》卷69《周𫖮传》,第1230页。

民要术》载:"地窖着酒,令酒土气;唯连檐草屋中居之为佳。瓦屋亦热。"可见,当时北方人对如何藏酒已颇为通晓了。因为地域的影响,魏晋南北朝时期,南北方的酿酒风格也是不同的:南方多使用粮食酿造美酒,以酒质淳清、味道香美而著名;北方受胡人的影响,更多的是酿制葡萄酒。

4. 促进了瓷器的生产

在近来的考古发掘中,发现这一时期的青瓷器种类较多,主要的器型有碗、罐、钵、耳杯、鸡头壶等,多是一些实用性的器具。当时瓷器的烧制技术普遍采取捏制、刻画、镂空等,瓷器的纹饰也复杂多样,除普通的花鸟虫鱼外,亭台楼阁、飞禽走兽、乐舞、飞仙等众多复杂的样式也大量出现,工艺细致,制作精美,非常有名。如1973年,在江宁县出土了一件青狮,遍体施青釉,色泽光润。因墓砖有元康二年(292年)、元康九年(299年)的纪年,故可确定为西晋器物。东晋的青瓷业,在孙吴、西晋的基础止,又进一步发展起来。近几年在南京市象山陆续发掘、清理了几座东晋墓葬,其中都有多少不等的青瓷器。如有一件青灰色釉的瓷羊,两前足后曲,两后足前曲于腹下,做跪卧状。头上双角绕耳前后卷,腹稍上部的两侧画有双翼,形象生动。这说明东晋时的青瓷制造业已有相当高的水平了。值得一提的是,这些瓷器精品绝大部分是被富贵人家做装饰品摆设的,以供上流阶层欣赏和玩逐,从而满足他们"示夸"和"斗富"心理。

5. 推动金银制作技术的进步

史载,晋惠帝的愍怀太子遹,在他的居处,"镂饰金银,刻磨犀象,画室之巧,课试日精"[1]。近来的考古发现,也足以证明西晋时金银等器的制作颇为精巧。如在南京西岗西晋墓中,发现有金戒指、金圈、金发钗、银发钗、银手镯、铜镜、鎏金铜带钩等。其中有一种神人龙虎画像镜,图案做四分法布置,为青龙、白虎、东王公、西王母,镜边饰以锯齿纹和禽、兽、鱼等图像。这足以窥见西晋时金银等器物制作技术的进步。到北魏,金银器皿的制造在前代的基础上更加精致,拓跋焘曾命中尚方"作黄金合盘十二具,径二尺二寸,镂以白银,钿以玫瑰,其铭曰:'九州致贡,殊域来宾,乃作兹器,错用具珍。假以紫金,镂以白银,范围拟载,吐耀含真。纤文丽质,若化若神,皇王御之,百福惟新。'"[2]可见其制作之精了。

---

[1] 《晋书》卷56《江统传》。
[2] 《魏书》卷110《食货志》。

6. 导致了烹调技术的提高

这个时期贵族们很讲究吃饼。"饼"是六朝对面食的通称。六朝初期，普遍流行的是"蒸饼"，当时只有贵族们才能吃上"十字裂"（即开拆）的开花饼。到六朝后期制饼不仅由以前的死面变为发面，而且种类也多起来。在火上烘烤的叫"炉饼"，撒上些胡麻（芝麻）之类的叫作"胡饼"，放在水里煮的叫汤饼。汤饼制作有"水引""馎饦"二法，据《齐民要术》卷九《饼法第八十二》载："细绢筛面，以成调肉臛汁，待冷溲之。水引：挼如箸大，一尺一断，盘中盛水浸，宜以手临铛上，挼令薄如韭叶，逐沸煮。馎饦：挼如大指许，二寸一断，著水盆中浸，宜以手向盆旁挼使极薄，皆急火逐沸熟煮。非直光白可爱，亦自滑美殊常。"经过水引、馎饦的汤饼滑腻爽口，上自皇帝，下至百姓都非常喜食。另外，像如何做鱼鲊、蒸肫、醴酪等，贾思勰在《齐民要术》里都有详细说明。这些都足以反映这一时期烹调水平已达相当高度。

另外，这时期的烹茶技术也相当高。茶是贵族们消遣的佳品。陆羽《茶经》详细记载了烹茶的器具、过程、燃料、火候、温度乃至灌开水的速度、角度都有特殊的要求，并说："城邑之中，王公之门，二十四器，阙一则茶废矣。"可见其程序的繁复严格。这虽是唐代的记载，但是这些经验和理论的积累当需一个很长的过程，由此我们可以推知魏晋南北朝时期这方面一定已积累了不少宝贵的经验，而这些经验又是与那些有闲阶级的"高雅"消费紧密相关的。除了上述内容，这个时期的奢侈性消费还在客观上刺激了园林建筑、工艺美术的发展。同样，对商业的影响也不可忽视。

通过上述分析，我们可以看出，魏晋南北朝时期，由于上流社会崇尚豪侈之风，从而给社会带来深刻的影响。这种影响既表现为消极的阻碍作用，自然是主要的，但同时在客观上也有一定的促进作用。我们考察这个时期的消费问题，一定要运用具体问题具体分析的方法。我们反对统治集团穷奢极侈，同时也应该看到，这种消费作为一种社会消费现象，它曾经扩大了生产领域，从某种程度上说也促进了经济的发展。

参考资料

一、基本典籍

[1] 许慎撰:《说文解字》,中华书局,1963年。
[2] 司马迁撰:《史记》,中华书局,1999年。
[3] 班固撰:《汉书》,中华书局,1999年。
[4] 范晔撰:《后汉书》,中华书局,1999年。
[5] 陈寿撰:《三国志》,中华书局,1999年。
[6] 房玄龄等撰:《晋书》,中华书局,1999年。
[7] 沈约撰:《宋书》,中华书局,1999年。
[8] 萧子显撰:《南齐书》,中华书局,1999年。
[9] 姚思廉撰:《梁书》,中华书局,1999年。
[10] 姚思廉撰:《陈书》,中华书局,1999年。
[11] 魏收撰:《魏书》,中华书局,1999年。
[12] 李百药撰:《北齐书》,中华书局,1999年。
[13] 令狐德棻等撰:《周书》,中华书局,1999年。
[14] 魏征等撰:《隋书》,中华书局,1999年。
[15] 李延寿撰:《南史》,中华书局,1999年。
[16] 李延寿撰:《北史》,中华书局,1999年。
[17] 杜佑撰:《通典》,中华书局,1988年。
[18] 欧阳询撰:《艺文类聚》,上海古籍出版社,1982年。
[19] 李昉等撰:《太平御览》,中华书局,1960年。
[20] 司马光撰:《资治通鉴》,中华书局,1956年。
[21] 李昉等撰:《太平广记》,中华书局,1961年。
[22] 刘义庆撰:《世说新语》,上海古籍出版社,2007年。
[23] 颜之推撰:《颜氏家训》,中州古籍出版社,2008年。
[24] 干宝著:《搜神记》,中华书局,2009年。
[25] 释慧皎撰:《高僧传》,中华书局,1992年。
[26] 郦道元著:《水经注》,华夏出版社,2006年。
[27] 贾思勰著:《齐民要术》,团结出版社,2002年。
[28] 杨衒之撰:《洛阳伽蓝记》,中华书局,2012年。

[29]许嵩撰:《建康实录》,中华书局,1986年。
[30]徐坚等著:《初学记》,中华书局,1962年。
[31]宗懔著:《荆楚岁时记》,岳麓书社,1986年。
[32]萧统辑:《文选》,中华书局,1977年。
[33]董仲舒著:《春秋繁露》,中华书局,2011年。
[34]陆羽著:《茶经》,浙江古籍出版社,2011年。

二、学术著作

[1]王孝通著:《中国商业史》,团结出版社,2007年。
[2]尹进主编:《中国古代商品经济与经营管理研究》,武汉大学出版社,1991年。
[3]陈锋、张建民主编:《中国经济史纲要》,高等教育出版社,2007年。
[4]陆侃如著:《中古文学系年》(上、下),人民文学出版社,1985年。
[5]吴云主编:《汉魏六朝赋精华》,长春出版社,2008年。
[6]傅筑夫著:《中国封建社会经济史》,人民出版社1984年。
[7]陈东原著:《中国妇女生活史》,上海书店,1984年。
[8]萬国鼎主编:《中国历史纪年表》,中华书局,1978年。
[9]金瑞林主编:《环境与资源保护法学》,北京大学出版社,2000年。
[10]张全明等著:《生态环境与区域文化研究》,崇文书局,2005年。
[11]麻国钧等编著:《中国酒令大观》,北京出版社,1993年。
[12]钟敬文主编:《民俗学概论》,上海文艺出版社,2009年。
[13]朱大渭等著:《魏晋南北朝社会生活史》,中国社会科学出版社,2006年。
[14]张承宗等著:《中国风俗通史·魏晋南北朝卷》,上海文艺出版社,2001年。
[15]朱大渭著:《六朝史论》,中华书局,1998年。
[16]曹文柱著:《魏晋南北朝史论合集》,商务印书馆,2008年。
[17]王静等著:《中国民间商贸习俗》,四川人民出版社,2009年。
[18]李春青著:《魏晋清玄》,北京师范大学出版社,2009年。
[19]朱大渭著:《朱大渭说魏晋南北朝》,上海科学技术文献出版社,2009年。
[20]万绳楠著:《魏晋南北朝文化史》,东方出版中心,2007年。
[21]大卫著:《魏晋风流》,东方出版中心,2007年。
[22]汤用彤著:《魏晋玄学论稿及其他》,北京大学出版社,2010年。

[23] 徐清祥著：《门阀信仰：东晋士族与佛教》，中国社会科学出版社，2010年。
[24] 周一良著：《魏晋南北朝史十二讲》，中华书局，2010年。
[25] 刘大杰著：《魏晋思想论》，岳麓书社，2010年。
[26] 汤用彤著：《汉魏两晋南北朝佛教史》，武汉大学出版社，2008年。
[27] 胡阿祥等著：《魏晋南北朝史十五讲》，凤凰出版社，2010年。
[28] 李卿著：《秦汉魏晋南北朝时期家族、宗族关系研究》，上海人民出版社，2005年。
[29] 谷川道雄主编：《魏晋南北朝隋唐史学的基本问题》，中华书局，2010年。
[30] 刘雅茹著：《竹林七贤》，文化艺术出版社，2010年。
[31] 马植杰著：《三国史》，人民出版社，1993年。
[32] 余鹏飞著：《三国经济史》，河南大学出版社，1992年。
[33] 高敏主编：《魏晋南北朝经济史》，上海人民出版社，1996年。
[34] 龚书铎主编：《中国社会通史·秦汉魏晋南北朝卷》，山西教育出版社，1996年。
[35] 庄华峰著：《魏晋南北朝社会》，安徽人民出版社，2009年。
[36] 许辉、李天石编著：《六朝文化概论》，南京出版社，2003年。
[37] 孟昭华编著：《中国灾荒史记》，中国社会出版社，1999年。
[38] 邓云特著：《中国救荒史》，三联书店，1957年。
[39] 朱自振等编：《中国茶叶历史资料选辑》，农业出版社，1981年。
[40] 姚伟钧等著：《中国饮食典籍史》，上海古籍出版社，2011年。
[41] 瞿明安等著：《中国饮食娱乐史》，上海古籍出版社，2011年。
[42] 杨明照撰：《抱朴子外篇校笺》，中华书局，1997年。
[43] 曹道衡选注：《乐府诗选》，人民文学出版社，2000年。
[44] 于良子注释：《茶经》，浙江古籍出版社，2011年。
[45] 余文涛等编：《中国的环境保护》，科学出版社，1987年。
[46] 唐启宇编著：《中国农史稿》，农业出版社，1985年。
[47] 黎虎主编：《汉唐饮食文化史》，北京师范大学出版社，1998年。
[48] 王明著：《抱朴子内篇校释》，中华书局，1985年。
[49] 逯钦立辑校：《先秦汉魏晋南北朝诗》，中华书局，1983年。
[50] 李经纬等主编：《中国医学通史》古代卷五，人民卫生出版社，2000年。
[51] 陈景富编著：《法门寺》，三秦出版社，1988年。
[52] 吕思勉著：《秦汉史》，上海古籍出版社，1983年。

[53] 张邱建著:《张邱建算经》,辽宁教育出版社,1998年。
[54] 石云详、贺本明著:《古代家教篇》,青海人民出版社,1989年。
[55] 李泽厚著:《美的历程》,文物出版社,1981年。
[56] 张艳国著:《家训辑览》,武汉大学出版社,2007年。
[57] 翟博著:《中国人的教育智慧》,教育科学出版社,2007年。
[58] 朱明勋著:《中国家训史论稿》,四川出版集团巴蜀书社,2008年。
[59] 鲁迅著:《而已集》,人民文学出版社,1973年。
[60] 徐少锦、陈延斌著:《中国家训史》,陕西人民出版社,2003年。
[61] 陈顾远著:《中国婚姻史》,商务印书馆,1998年。
[62] 胡焕庸著:《中国人口地理》,华东师范大学出版社,1984年。
[63] 中国社会科学院历史研究所资料编纂组著:《中国历代自然灾害及历代盛世农业政策资料》,农业出版社,1988年。
[64] 刘文忠、刘元煌著:《汉魏六朝诗选注》,太白文艺出版社,2003年。
[65] 许辉、李天石著:《六朝文化概论》,南京出版社,2003年。
[66] 韩国磐著:《魏晋南北朝史纲》,人民出版社,1983年。
[67] 邓欣著:《魏晋南北朝史探索》,山东大学出版社,1989年。
[68] 王仲荦著:《魏晋南北朝史》,上海人民出版社,2003年。
[69] 高亨著:《诗经今注》,上海古籍出版社,2009年。
[70] 郭茂倩编:《乐府诗集》,中华书局,1979年。
[71] 邓拓著:《中国救荒史》,北京出版社,1998年。
[72] 王子平著:《灾害社会学》,湖南人民出版社,1998年。
[73] 张岂之主编:《中国历史》,高等教育出版社,2001年。
[74] 邢昺著:《孝经注疏》,上海古籍出版社,2009年。
[75] 房玄龄注:《管子》,上海古籍出版社,1989年。
[76] 徐克谦著:《孟子现代版》,上海古籍出版社,2001年。
[77] 鸠摩罗什著:《大智度论》,上海古籍出版社,1991年。
[78] 南怀瑾、徐芹庭注译:《周易今注今译》,重庆出版社,2009年。
[79] 老子著:《道德经》,陕西人民出版社,1999年。
[80] 袁啸波著:《民间劝善书》,上海古籍出版社,1995年。
[81] 陈澔注:《礼记集说》,上海古籍出版社,1987年。
[82] 释道宣撰:《续高僧传》,上海书店,1989年。
[83] 周祖谟译:《洛阳伽蓝记校释》,中华书局,2010年。

三、学术论文

[1] 诸山：《魏晋南北朝灾荒赈恤的几个问题》，载《郑州大学学报》（哲学社会科学版）2007年第3期。

[2] 彭修华：《试论魏晋南北朝的灾害及其救灾措施》，载《安徽文学》2009年第1期。

[3] 王亚利：《论儒家思想对魏晋南北朝救灾理念的主导作用》，载《社会科学研究》2003年第4期。

[4] 甄尽忠：《论魏晋南北朝时期的旱灾与赈济》，载《吉首大学学报》（社会科学版）2011年第2期。

[5] 杨钰侠：《试论南北朝时期的赈灾之政》，载《中国农史》2000年第2期。

[6] 甄尽忠：《魏晋南北朝时期尊老养老制度述论》，载《渭南师范学院学报》2011年第9期。

[7] 谢南山：《论魏晋南北朝时期民间社会救济》，载《江西广播电视大学学报》2009年第2期。

[8] 萧放：《民众信仰与六朝社会》，载《东方论坛》2003年第3期。

[9] 刘志：《魏晋南北朝民间自然信仰与道教文化》，载《宗教学研究》2009年第2期。

[10] 金霞：《魏晋时期的尚巫之风》，载《许昌学院学报》2003年第6期。

[11] 吴成国：《论六朝巫术文化传统的源起》，载《中国文化研究》2009年春之卷。

[12] 贺科伟：《两汉淫祀之禁》，载《华中师范大学研究生学报》2009年第16卷第2期。

[13] 宋燕鹏：《试论汉魏六朝民众建立祠庙的心理动机》，载《社会科学战线》2011年第3期。

[14] 张群：《魏晋南北朝时期旅游休闲活动分析》，载《湖南省社会主义学院学报》2006年第3期。

[15] 魏琦、黄平芳：《谢灵运山水旅游思想述论》，载《农业考古》2007年第3期。

[16] 胡蓉、张如青、严世：《论魏晋南北朝医家医著特点》，载《上海中医药大学学报》2007年第21卷第3期。

[17] 刘燕平、黄岑汉：《试论秦汉晋唐时期中医美容的萌发及兴盛》，载《辽宁中医药大学学报》2009年第3期。

[18] 胡冬裴,李小茜：《魏晋南北朝时期美容医学特色研究》，载《中华中医药

学刊》2010年第28卷第11期。

[19] 张承宗:《两晋南北朝列女事迹考》,载《阅江学刊》2011年第1期。

[20] 赵丹丹:《魏晋南北朝时期教育文化领域的女性》,载《哈尔滨学院学报》2011年第32卷第9期。

[21] 黄梦婉:《魏晋时期女子教育的典型性及其影响》,载《社科纵横》2011年第26卷。

[22] 马洪良、周海燕:《魏晋南北朝的女工商业者》,载《学术论坛》2006年第11期。

[23] 张承宗:《六朝江南妇女的经济活动》,载《浙江师范大学学报》(社会科学版),2006年第5期。

[24] 董红玲:《魏晋南北朝时期妇女的文化教育地位及贡献》,载《文史博览》(理论)2008年2月。

[25] 卢海鸣:《六朝饮酒风尚及相关问题研究》,载《江海学刊》2001年第2期。

[26] 李飞、袁婵:《魏晋南北朝林政初探》,载《北京林业大学学报》(社会科学版)2009年3月第8卷第1期。

[27] 彭福华、任重:《魏晋南北朝的市场管理》,载《江汉论坛》2004年第12期。

[28] 魏向东:《论魏晋南北朝时期的"市"》,载《江苏社会科学》2004年第5期。

[29] 李红艳:《魏晋南北朝"胡床"意蕴初探》,载《西北民族大学学报》(哲学社会科学版)2009年第1期。

[30] 张承宗:《魏晋南北朝风俗观念与风俗特点》,载《浙江学刊》2001年第4期。

[31] 杨载田、邓运员:《地理环境对魏晋人文风度的影响》,载《中国地理》1994年第4期。

[32] 刘诗中:《从江西茶具谈古人饮茶习俗》,载《东南文化》1989年第3期。

[33] 操晓理:《魏晋南北朝时期的粮食贸易》,载《史学月刊》2008年第9期。

[34] 谭文熙:《滥改币制是魏晋南北朝物价高涨的根本原因》,载《北京物价》1996年第Z1期。

[35] 薛平拴:《论魏晋南北朝时期的货币发行与流通》,载《史学月刊》1994年第1期。

[36] 沙莉:《商品流通与货币流通的关系》,载《商业研究》2002年第4期。

[37] 戴相龙:《充分发挥货币政策在宏观调控中的作用》,载《中国金融》

1998年第6期。

[38] 丁小珊:《中国古代反通货膨胀思想及其现实启示》,载《求索》2010年第10期。

[39] 张白茹、李必友:《魏晋南北朝家诫论略》,载《安徽史学》2002年第3期。

[40] 李必友:《魏晋南北朝家族教育的特点》,载《安徽师范大学学报》1999年第5期。

[41] 程时用:《六朝家训的文化阐释》,载《太原师范学院学报》(社会科学版)2008年第3期。

[42] 梁满仓:《论魏晋南北朝的早婚》,载《历史教学问题》1990年第2期。

[43] 郭善兵:《二十世纪八十年代以来魏晋南北朝时期婚丧礼俗研究概述》,载《贵州文史丛刊》2001年第4期。

[44] 冯素梅:《魏晋南北朝时期的早婚现象》,载《晋阳学刊》2000年第6期。

[45] 杨恩玉、胡阿祥:《"元嘉之治"与"梁武帝之治"盛衰探因》,载《理论期刊》2009年第3期。

[46] 宪群:《东晋南朝家族的分化与士族的衰落研究——以琅琊王氏为中心》,载《南都学坛》2004年第3期。

[47] 毛阳光:《遣使与唐代地方救灾》,载《首都师范大学学报》2003年第4期。

[48] 李辉:《略论北朝时期的重农救灾措施》,载《长春师范学院学报》2008年第5期。

[49] 刘春香:《魏晋南北朝时期荒政述论》,载《许昌学院学报》2004年第4期。

[50] 李辉:《略论北朝时期的抗灾措施》,载《长春工业大学学报》2009年第1期。

[51] 武剑青:《南朝刘宋遣使救灾述论》,载《西南交通大学学报》2006年第1期。

[52] 释恒清:《大乘义章的佛性说》,载《佛学研究中心学报》1997年第2期。